中等职业教育汽车类专业新形态系列教材

汽车企业顶岗实训教程

（机电维修方向）（工作页一体化）

主　编　翁立东　孟华霞

副主编　麻建林　陈文敏

参　编　刘豪杰　张益萍　廖小亮　林江南
　　　　许振伟　陈志能　胡雪俊　黄科科

科学出版社

北　京

内 容 简 介

本书是为了培养学生适应企业所需的职前素养而编写的，是在“职教20条”提出的背景下“校企双元”合作开发的教材。本书采用工作页一体化的创新编写方式并配套了相关教学课件等资源，主要内容包括6个项目，即汽车燃油供给系统的检测与维修、汽车传感器的检测与维修、汽车执行器的检测与维修、汽车灯光系统的检测与维修、汽车电动车窗的检测与维修、汽车空调系统的检测与维修。每个项目由若干个工作任务组成，每个工作任务都有顶岗实习导图、师徒实训操作、评价与反馈、职业技能拓展等板块；工作任务的设计以现代车辆常见故障的检测与维修为主体，实训操作流程模拟从企业接车到收款交车的现代汽车维修经营模式；操作过程配有图文，力求符合中职学生的能力水平、认知特点和企业所需。

本书适合作为中等职业教育汽车运用与维修等相关专业教材，也可作为企业维修人员的培训用书。

图书在版编目（CIP）数据

汽车企业顶岗实训教程：机电维修方向：工作页一体化/翁立东，孟华霞主编. —北京：科学出版社，2021.6
（中等职业教育汽车类专业新形态系列教材）

ISBN 978-7-03-067662-7

Ⅰ. ①汽… Ⅱ. ①翁…②孟… Ⅲ. ①汽车－机电设备－维修－教育实习－中等专业学校－教材 Ⅳ. ①U472.41

中国版本图书馆CIP数据核字（2020）第269482号

责任编辑：陈砺川 / 责任校对：王 颖
责任印制：吕春珉 / 封面设计：东方人华平面设计部

科学出版社出版
北京东黄城根北街16号
邮政编码：100717
http://www.sciencep.com
天津翔远印刷有限公司印刷
科学出版社发行 各地新华书店经销
*
2021年6月第 一 版 开本：787×1092 1/16
2021年6月第一次印刷 印张：11
字数：246 000

定价：31.00元

（如有印装质量问题，我社负责调换〈翔远〉）
销售部电话 010-62136230 编辑部电话 010-62135397-1020

中等职业教育汽车类专业新形态系列教材

编写委员会

2019年，在国务院发布的《国家职业教育改革实施方案》（简称“职教20条”）中指出：“借鉴‘双元制’等模式，总结现代学徒制和企业新型学徒制试点经验，校企共同研究制定人才培养方案，及时将新技术、新工艺、新规范纳入教学标准和教学内容，强化学生实习实训。”基于此，教材编写小组就相关汽车维修行业企业的人才结构现状、汽车行业发展趋势、企业人才所需状况对中职学生应具备的知识及技能要求进行了调研，最终确定由校企“双元”合作开发教材，教材的内容编排结合企业工作页特色来满足汽车机电维修顶岗实训需求。本书得到了中国汽车维修行业协会专家的肯定，认为本书紧贴企业生产经营所需，注重学生职前素养的培养，为学生尽快适应企业奠定了坚实的基础，可作为中职汽车运用与维修专业教材，也可作为企业维修人员的岗位培训用书。

本书主要内容包括汽车燃油供给系统、汽车传感器、汽车执行器、汽车灯光系统、汽车电动车窗系统、汽车空调系统的检测与维修共6个项目。每个项目由若干个工作任务组成，工作流程结合现代维修企业管理流程，操作过程配有图文，力求符合中职学生的能力水平、认知特点和企业所需。

本书由象山县技工学校的翁立东和鄞州职业高级中学的孟华霞担任主编，浙江泽近科技有限公司的麻建林和象山县技工学校的陈文敏担任副主编。其中，翁立东、孟华霞编写项目一，麻建林、陈文敏编写项目二，张益萍、廖小亮编写项目三，林江南、许振伟编写项目四，陈志能、胡雪俊编写项目五，黄科科、刘豪杰编写项目六，翁立东负责全书统稿。

限于编者水平，又因本书在探索新的编写模式，书中难免有不足之处，敬请广大院校师生提出意见和建议，以便再版时改进。

目录
CONTENTS

项目一　汽车燃油供给系统的检测与维修 ······ 1

顶岗任务一　汽车燃油泵故障的检测与维修 ······ 1
顶岗任务二　汽车油轨压力传感器故障的检测与维修 ······ 9
顶岗任务三　汽车燃油控制模块故障的检测与维修 ······ 17

项目二　汽车传感器的检测与维修 ······ 27

顶岗任务一　汽车空气流量传感器故障的检测与维修 ······ 27
顶岗任务二　汽车冷却液温度传感器故障的检测与维修 ······ 36
顶岗任务三　汽车氧传感器故障的检测与维修 ······ 45

项目三　汽车执行器的检测与维修 ······ 54

顶岗任务一　汽车喷油器故障的检测与维修 ······ 54
顶岗任务二　汽车火花塞故障的检测与维修 ······ 62
顶岗任务三　汽车节气门故障的检测与维修 ······ 70

项目四　汽车灯光系统的检测与维修 ······ 79

顶岗任务一　汽车日间行车灯故障的检测与维修 ······ 79
顶岗任务二　汽车制动灯故障的检测与维修 ······ 87
顶岗任务三　汽车远光灯故障的检测与维修 ······ 96

项目五　汽车电动车窗的检测与维修 ······ 105

顶岗任务一　主控开关故障的检测与维修 ······ 105
顶岗任务二　前部乘客侧开关故障的检测与维修 ······ 115
顶岗任务三　车窗线路故障的检测与维修 ······ 124

项目六　汽车空调系统的检测与维修 …… 135

顶岗任务一　汽车空调继电器故障的检测与维修 …… 135

顶岗任务二　汽车空调不出风故障的检测与维修 …… 144

顶岗任务三　汽车空调不制冷故障的检测与维修 …… 153

附录一　接车检查单 …… 162

附录二　维修服务委托书 …… 164

参考文献 …… 165

项目一　汽车燃油供给系统的检测与维修

顶岗任务一　汽车燃油泵故障的检测与维修

顶岗实习目标

※顶岗知识目标：1. 了解燃油泵的作用、电路图和工作原理；
2. 了解燃油泵的安装位置和基本检测方法。

※顶岗技能目标：1. 掌握燃油泵故障的检测方法；
2. 在师傅的指导下，完成燃油泵故障的排除；
3. 运用所学知识，分析燃油泵的典型故障。

顶岗实习导图

燃油泵故障的检测与维修
- 燃油泵的作用和种类
- 燃油泵的安装位置和基本检测方法
- 燃油泵电路图的认知
- 燃油泵故障的检测
- 燃油泵故障的排除

岗位任务描述

一辆 2009 年产荣威 550 车，行驶里程约为 7.3 万 km。据车主反映，该车因发动机无法启动曾送修理厂检修。我站维修人员经过排查，确认车辆的线路无问题，怀疑燃油泵损坏。车主听说厂家曾发布过因燃油泵问题而召回该型号车辆的消息，于是在我站咨询相关事项，提出维修需求。

一、师徒实训操作

（一）接车预检

汽车维修接待的工作人员进行车辆的初步检查，并完成“接车检查单”的填写。“接车检查单”样本见附录一（后文不再赘述）。

（二）检测诊断

1. 技术标准与要求

（1）学徒身份：维修接待人员，维修工作人员。
（2）参照相关维修手册，了解燃油泵的安装位置和检测方法。
（3）拆装燃油泵、熔丝时，要注意人身和设备安全。

2. 所需设备器材

序号	可能用到的设备
1	
2	
3	
4	
5	
6	
7	
8	
9	

3. 任务实施

根据维修接待人员所提交的“接车检查单”，维修工作人员进行相关维护保养或故障修理，填写“车辆保养、维修记录档案”。

<table>
<tr><th colspan="9">车辆保养、维修记录档案</th></tr>
<tr><td colspan="9">车辆基本情况</td></tr>
<tr><td colspan="3">车辆牌号：</td><td colspan="2">车辆型号：</td><td colspan="4">购车时间：</td></tr>
<tr><td colspan="3">投保有效期：</td><td colspan="2">保险公司：</td><td colspan="4">保险金额：</td></tr>
<tr><td colspan="9">保养记录</td></tr>
<tr><td>序号</td><td>日期</td><td>行驶里程</td><td colspan="2">保养项目</td><td colspan="2">金额</td><td>经办人</td><td>备注</td></tr>
<tr><td>1</td><td></td><td></td><td colspan="2"></td><td colspan="2"></td><td></td><td></td></tr>
<tr><td>2</td><td></td><td></td><td colspan="2"></td><td colspan="2"></td><td></td><td></td></tr>
<tr><td>3</td><td></td><td></td><td colspan="2"></td><td colspan="2"></td><td></td><td></td></tr>
<tr><td colspan="9">维修记录</td></tr>
<tr><td>序号</td><td>日期</td><td>维修原因</td><td>维修项目</td><td>是否大修</td><td>送修里程</td><td>金额</td><td>经办人</td><td>备注</td></tr>
<tr><td>1</td><td></td><td></td><td></td><td></td><td></td><td></td><td></td><td></td></tr>
<tr><td>2</td><td></td><td></td><td></td><td></td><td></td><td></td><td></td><td></td></tr>
<tr><td>3</td><td></td><td></td><td></td><td></td><td></td><td></td><td></td><td></td></tr>
</table>

本任务操作步骤如下。

（1）接车后，帮助客户办理燃油泵索赔手续，同时建议客户更换燃油滤清器。作业完毕后试车，发动机顺利启动，故障排除。

（2）没过几天，车辆再次出现发动机无法启动的故障现象。维修工作人员赶赴现场检查，发现位于驾驶室内的熔丝盒上的 6 号熔丝（燃油泵熔丝）熔断。检查燃油泵相关线路，未见异常。因厂家曾发布过关于行李箱备胎旁的燃油泵线束需要包扎的技术通告，于是按照要求对线束进行包扎，并更换熔丝后试车，发动机顺利启动。

（3）又过了几天，再次接到客户的求援电话，发动机不能启动的故障现象再次出现了。将车拖回修理厂检查，发现燃油泵熔丝再次熔断。

故障现象确认	确认故障症状并记录症状现象（根据不同故障范围，进行功能检测，并填写检测结果） 发动机故障灯 MIL　□ 正常 □ 不正常 发动机启动及运转状况　□ 正常 □ 不正常 其他（如果有） ______________________

（4）查阅燃油泵相关电路（图 1-1-1）可知，在燃油泵的供电线路上串联着一个惯性开关（T135）。查阅维修手册，正常情况下，惯性开关会因碰撞事故而断开。当车身控制模块 BCM 检测到惯性开关断开后，会控制仪表发出警告信息，控制中控门锁解锁，并点亮危险报警灯。

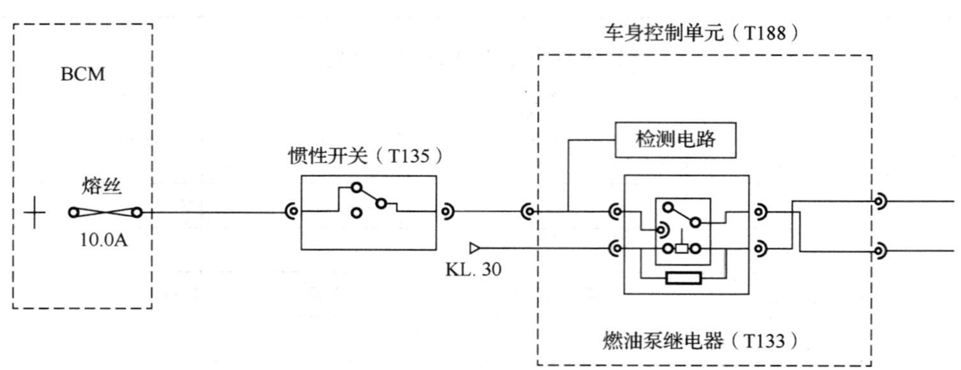

图 1-1-1　燃油泵电路

（5）检测燃油泵电路，并正确读取数据和消除故障码（DTC）。

正确读取数据和清除故障码

1．填表并记录冻结帧（只记录故障码设定时的帧）

项目	数值	单位	判断
发动机转速		r/min	
发动机冷却液温度		℃	
空气质量流量传感器测得的进气量		g/s	
发动机负荷	%		
燃油箱内的剩余燃油	%		

与故障相关数据流记录

2．清除故障码

3．确认故障码是否再次出现，并填写结果

☐ 无 DTC

☐ 有 DTC：____________________

（6）根据客户描述的故障现象，维修人员怀疑惯性开关及其相关线路有问题，于是决定先从惯性开关入手检查。当维修人员触及惯性开关的导线连接器时，突然危险报警灯点亮，同时仪表信息中心提示“燃油切断请注意！”，如图 1-1-2 所示，由此确定故障范围。

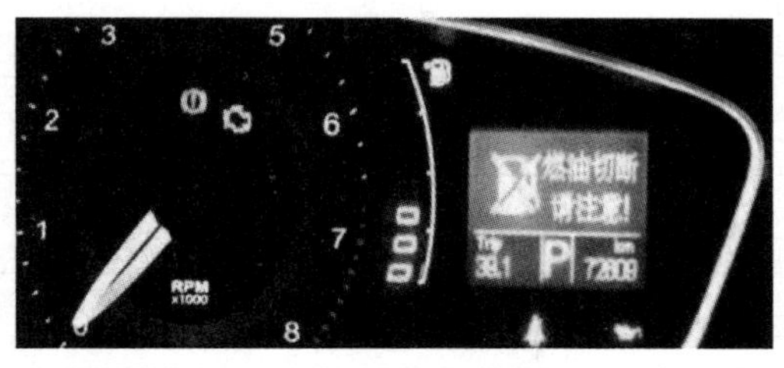

图 1-1-2　仪表信息中心显示的提示信息

<table>
<tr><td rowspan="5">确定故障范围</td><td colspan="3">根据上述检查进行判断并填写可能故障范围</td></tr>
<tr><td></td><td>□ 可能</td><td>□ 不可能</td></tr>
<tr><td></td><td>□ 可能</td><td>□ 不可能</td></tr>
<tr><td></td><td>□ 可能</td><td>□ 不可能</td></tr>
<tr><td></td><td>□ 可能</td><td>□ 不可能</td></tr>
</table>

（7）尝试更换惯性开关，故障现象依然存在，说明故障不是惯性开关内部故障导致的。于是重点对其线路进行检查，仔细检查惯性开关的导线连接器，发现有 1 个端子孔明显偏大，如图 1-1-3 所示，怀疑故障是导线连接器端子接触不良所致。

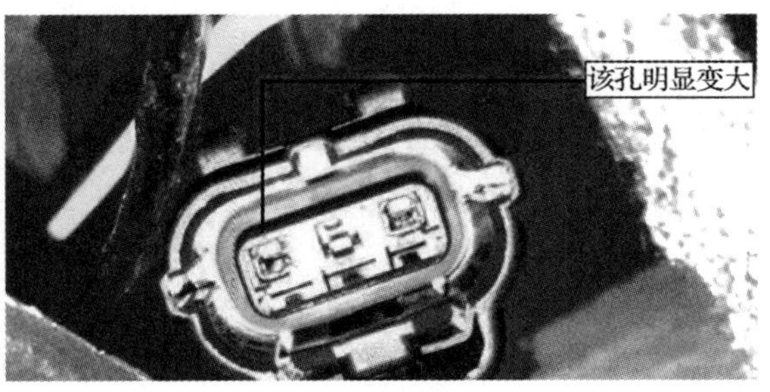

图 1-1-3　导线连接器的端子孔明显偏大

<table>
<tr><td rowspan="5">电路测量</td><td colspan="4">对被怀疑的线路进行测量，注明插件代码和编号，控制单元端子代号以及测量结果：</td></tr>
<tr><td>线路范围</td><td>测量结果</td><td colspan="2">检查或测试后的判断结果</td></tr>
<tr><td></td><td></td><td>□ 正常</td><td>□ 不正常</td></tr>
<tr><td></td><td></td><td>□ 正常</td><td>□ 不正常</td></tr>
<tr><td></td><td></td><td>□ 正常</td><td>□ 不正常</td></tr>
</table>

（8）对导线连接器进行处理后试车，故障未再出现。半个月后进行电话回访，确认故障排除。

<table>
<tr>
<td rowspan="2">故障部位确认和排除</td>
<td>根据上述的所有检测结果，确定故障内容并注明：
1．确定的故障
<table>
<tr><td>□ 元件损坏</td><td>名称：　　原因：</td></tr>
<tr><td>□ 线路故障</td><td>区间：　　原因：</td></tr>
<tr><td>□ 其他</td><td></td></tr>
</table>
2．故障点的排除处理说明
<table>
<tr><td>□ 更换</td><td>□ 维修</td><td>□ 调整</td></tr>
</table>
</td>
</tr>
<tr>
<td>【发动机】
维修后故障症状及代码检查，并填写结果

【空调系统】
维修后故障症状及代码检查，并填写结果

【车身系统】
维修后故障症状及代码检查，并填写结果</td>
</tr>
</table>

惯性开关的导线连接器端子孔变大可能是此前检查燃油泵线路的维修人员操作不规范导致的。后来更换燃油泵后，惯性开关的导线连接器就出现了接触不良的故障现象，导致燃油泵电源间歇性断开。燃油泵反复启动，特别是在建立油压后反复启动燃油泵，电流可能较大，最终导致燃油泵熔丝熔断。

在此提醒广大维修人员，在对导线连接器进行检测时要正确使用探针等工具，以免损坏导线连接器，造成人为故障。

（三）收款交车

维修结束，填写“维修服务委托书”，待客户付款后交车。“维修服务委托书”样本见附录二（后文不再赘述）。

二、评价与反馈

（一）顶岗实习目标达成度的自我检查

序号	顶岗实习目标	顶岗实习目标达成情况（在相应的选项后打“✓”）		
		能	不能	不能的原因
1	故障码的读取			
2	故障点的检测			
3	故障点的确认			
4	元件的更换或维修			
5	确认故障排除			

（二）日常性表现评价（由岗位组长或组内成员评价）

（1）工作页填写情况。（　　）

A．填写完整　　B．完成不到 20%

C．完成不到 50%　　D．完成 80%以上

（2）工作着装是否规范。（　　）

A．穿着工作服，佩戴工作牌　　B．工作服未穿或工作牌未佩戴

（3）主动参与工作现场 7S 工作情况。（　　）

A．积极主动参与　　B．在组长要求下能参与

C．在组长要求下参与效果不佳　　D．不愿意参与

（4）是否严格按照规范操作。（　　）

A．严格按照规范操作　　B．没有按照规范操作

（5）学习该任务是否全勤。（　　）

A．全勤　　B．缺勤 0～20%（有请假）

C．缺勤 20%以上　　D．缺勤 50%以上（旷工）

（6）总体评价该学徒。（　　）

A．非常优秀　　B．比较优秀

C．有待改进　　D．亟待改进

（三）师傅总体评价

对该学徒所在小组整体印象评价。（　　）

A．表现优秀，组内工作气氛好

B．组长能按照要求组织完成工作项目，1 个学徒不能达到顶岗实习目标

C．组内有 2 个学徒不能达到顶岗实习目标

D．组内有 3 个以上学徒不能达到顶岗实习目标

师傅签名______________　　　　　　　　________年　________月　________日

三、职业技能拓展

（1）根据故障检测与排除过程，完成下列表格填写，并完成一篇故障案例撰写。

<table>
<tr><td>故障名称</td><td colspan="3"></td></tr>
<tr><td>车型</td><td></td><td>里程</td><td></td></tr>
<tr><td>故障现象</td><td colspan="3"></td></tr>
<tr><td>使用到的工量具及配件</td><td colspan="3"></td></tr>
<tr><td>车辆预检情况</td><td colspan="3"></td></tr>
<tr><td>故障分析</td><td></td><td>可能造成故障的原因</td><td>1.
2.
3.
4.</td></tr>
<tr><td>故障诊断</td><td colspan="3"></td></tr>
<tr><td>故障排除</td><td colspan="3"></td></tr>
<tr><td>反思小结</td><td colspan="3"></td></tr>
</table>

（2）在组内口述分享故障排除体会，由其他学徒和企业师傅完成评价。

<table>
<tr><td>学习情景：</td><td colspan="8">组员姓名</td></tr>
<tr><td>日期：</td><td colspan="2"></td><td colspan="2"></td><td colspan="2"></td><td colspan="2"></td></tr>
<tr><td>评价项目</td><td>Sp</td><td>Tp</td><td>Sp</td><td>Tp</td><td>Sp</td><td>Tp</td><td>Sp</td><td>Tp</td></tr>
<tr><td>结构和布局</td><td></td><td></td><td></td><td></td><td></td><td></td><td></td><td></td></tr>
<tr><td>专业知识</td><td></td><td></td><td></td><td></td><td></td><td></td><td></td><td></td></tr>
<tr><td>肢体语言姿态</td><td></td><td></td><td></td><td></td><td></td><td></td><td></td><td></td></tr>
<tr><td>语言表达能力</td><td></td><td></td><td></td><td></td><td></td><td></td><td></td><td></td></tr>
</table>

评价标准			
结构和布局	专业知识	肢体语言姿态	语言表达能力
-明晰 -引入目的性明确 -开头有概述 -过渡明确 -遵守时间规定 -结尾明显 -简要总结	-专业方面正确 -清晰回答问题 -解释专业表达	-自信 -开放性的登场 -与听众有交流 -表情、手势	-清晰明了 -抑扬顿挫 -速度、停顿

注：（1）等级 A～D：A=非常明显；B=相当明显；C=部分出现；D=涉及的能力完全没有出现。

（2）Sp=学徒评价；Tp=师傅评价。

顶岗任务二 汽车油轨压力传感器故障的检测与维修

顶岗实习目标

※顶岗知识目标： 1. 了解油轨压力传感器的作用、工作原理；

2. 了解油轨压力传感器的安装位置和基本检测方法。

※顶岗技能目标： 1. 掌握油轨压力传感器故障的检测方法；

2. 在师傅的指导下，完成油轨压力传感器故障的排除；

3. 运用所学知识，分析油轨压力传感器的典型故障。

顶岗实习导图

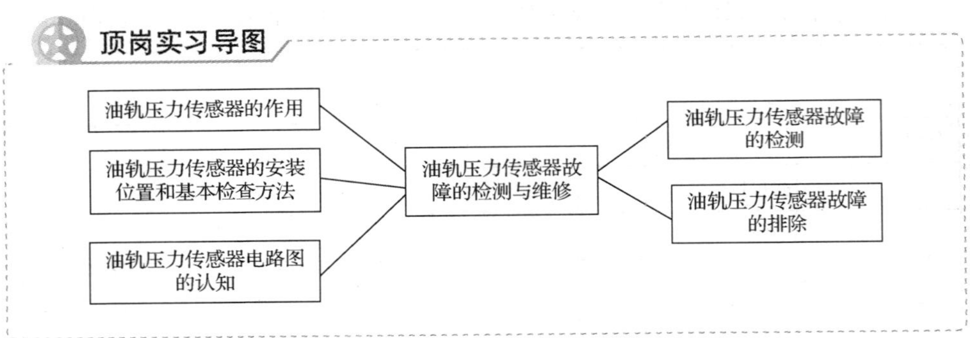

岗位任务描述

一辆行驶里程约 2.8 万 km 的 2016 年别克威朗 15S 轿车，该车发动机发生无法启动的现象。将车开到维修站后，经车间主管检查和诊断，确定是油轨压力传感器故障所引起的，交给机电组做进一步检修。作为机电组维修人员，你需要在规定时间内按专业要求对燃油系统进行检查、测试，必要时更换损坏的零部件，并与服务顾问或客户及时沟通交流，维修完毕后进行自检，交付服务顾问，试车验收。

一、师徒实训操作

（一）接车预检

汽车维修接待的工作人员进行车辆的初步检查，并完成“接车检查单”的填写。

（二）检测诊断

1. 技术标准与要求

（1）学徒身份：维修接待人员，维修工作人员。
（2）参照相关维修手册，了解油轨压力传感器的安装位置和检测方法。
（3）拆装油轨压力传感器时，要注意人身和设备安全。

2. 设备器材

序号	可能用到的设备
1	
2	
3	

续表

序号	可能用到的设备
4	
5	

3. 任务实施

维修工作人员根据维修接待人员所提交的“接车检查单”进行相关维护保养或故障修理，填写“车辆保养、维修记录档案”。

<table>
<tr><th colspan="9">车辆保养、维修记录档案</th></tr>
<tr><td colspan="9">车辆基本情况</td></tr>
<tr><td colspan="3">车辆牌号：</td><td colspan="2">车辆型号：</td><td colspan="4">购车时间：</td></tr>
<tr><td colspan="3">投保有效期：</td><td colspan="2">保险公司：</td><td colspan="4">保险金额：</td></tr>
<tr><td colspan="9">保养记录</td></tr>
<tr><td>序号</td><td>日期</td><td>行驶里程</td><td colspan="2">保养项目</td><td>金额</td><td>经办人</td><td colspan="2">备注</td></tr>
<tr><td>1</td><td></td><td></td><td colspan="2"></td><td></td><td></td><td colspan="2"></td></tr>
<tr><td>2</td><td></td><td></td><td colspan="2"></td><td></td><td></td><td colspan="2"></td></tr>
<tr><td>3</td><td></td><td></td><td colspan="2"></td><td></td><td></td><td colspan="2"></td></tr>
<tr><td colspan="9">维修记录</td></tr>
<tr><td>序号</td><td>日期</td><td>维修原因</td><td>维修项目</td><td>是否大修</td><td>送修里程</td><td>金额</td><td>经办人</td><td>备注</td></tr>
<tr><td>1</td><td></td><td></td><td></td><td></td><td></td><td></td><td></td><td></td></tr>
<tr><td>2</td><td></td><td></td><td></td><td></td><td></td><td></td><td></td><td></td></tr>
<tr><td>3</td><td></td><td></td><td></td><td></td><td></td><td></td><td></td><td></td></tr>
</table>

本任务操作步骤如下。

（1）接车后，故障现象确认。

接车后确认故障现象，连接故障诊断仪，在发动机控制模块中读取了 4 个故障码，如图 1-2-1 所示：P0192 油轨压力传感器回路低电压，P06D25V 参考 5 电路，P121A 空气流量（MAF）传感器电源电压控制回路，P121B 空气流量（MAF）传感器电源电压控制回路低电压。清除故障码后，重新启动发动机，发动机仍无法启动，系统再次出现上述 4 个故障码。

故障现象确认	确认故障症状并记录症状现象（根据不同故障范围，进行功能检测，并填写检测结果） 发动机故障灯 MIL □ 正常 □ 不正常 发动机启动及运转状况 □ 正常 □ 不正常 其他（如果有） ____________________

（2）查阅维修手册中的相关系统电路图。油轨压力传感器电路如图 1-2-2 所示。

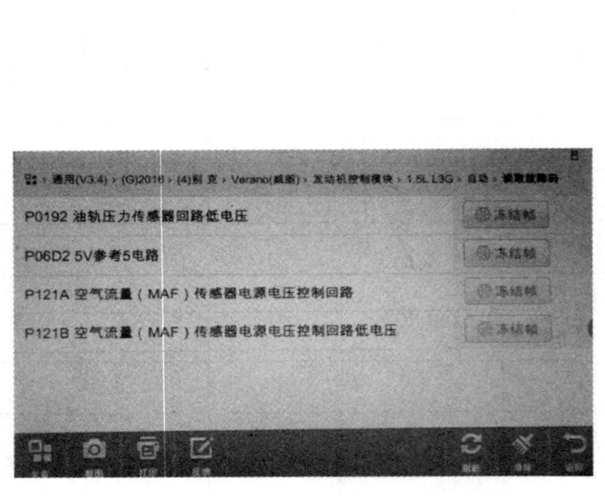

图 1-2-1　故障代码

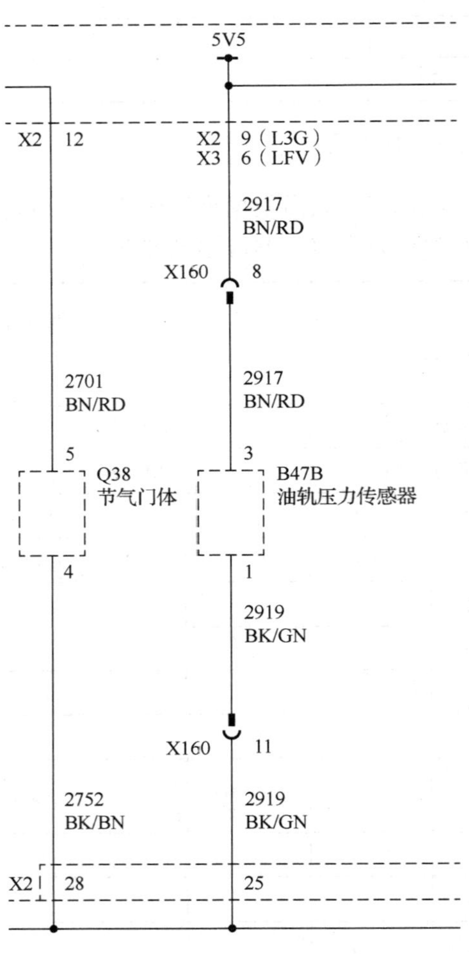

图 1-2-2　油轨压力传感器电路图

（3）确定故障范围。

<table>
<tr><td rowspan="5">确定故障范围</td><td colspan="3">根据上述检查进行判断并填写可能的故障范围</td></tr>
<tr><td></td><td>□ 可能</td><td>□ 不可能</td></tr>
<tr><td></td><td>□ 可能</td><td>□ 不可能</td></tr>
<tr><td></td><td>□ 可能</td><td>□ 不可能</td></tr>
<tr><td></td><td>□ 可能</td><td>□ 不可能</td></tr>
</table>

（4）电路测量。

<table>
<tr>
<td>电路检测</td>
<td>对图 1-2-2 所示油轨压力传感器中被怀疑的元件进行测量。
注明插件代码和编号、控制单元端子代号以及测量结果如下：
<table>
<tr><th>线路范围</th><th>测量结果</th><th>检查或测试后的判断结果</th></tr>
<tr><td></td><td></td><td>□ 正常　□ 不正常</td></tr>
<tr><td></td><td></td><td>□ 正常　□ 不正常</td></tr>
<tr><td></td><td></td><td>□ 正常　□ 不正常</td></tr>
</table>
</td>
</tr>
</table>

通过查看电路图我们知道，油轨压力传感器的 3 号线是电脑板 5V5 的供电线，正常情况下，它与车身之间应该是绝缘的。通过测量我们发现，3 号线与车身搭铁的电阻值仅为 0.7Ω，如图 1-2-3 所示，说明 3 号线与车身搭铁之间存在短路现象。进一步查看线束我们发现，油轨压力传感器的线束由于外力的原因已经出现破损，导致 3 号线与车身短路，如图 1-2-4 所示，由此找到故障原因。

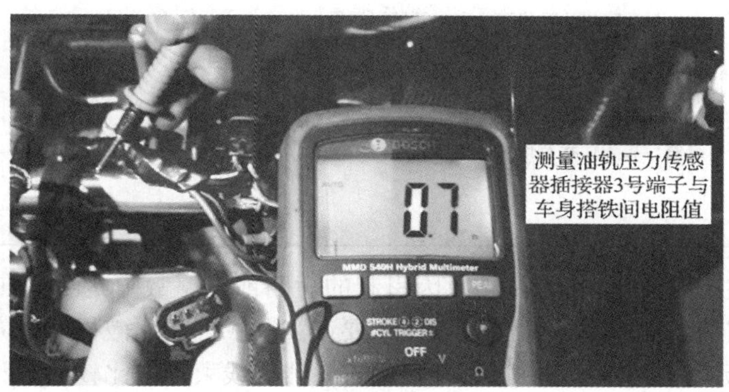

图 1-2-3　测量油轨压力传感器 3 号线与车身搭铁

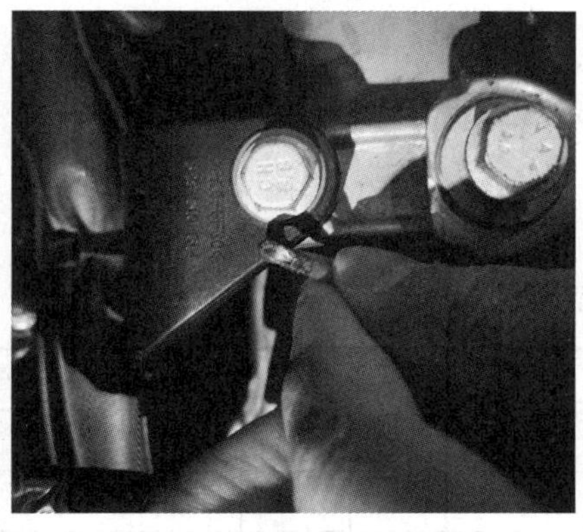

图 1-2-4　油轨压力传感器的线束已损坏

（5）更换元件后试车。

<table>
<tr>
<td>故障部位确认和排除</td>
<td>
根据上述所有检测结果，确定故障内容并注明：
1．确定的故障
<table>
<tr><td>□ 元件损坏</td><td>名称：　　　　原因：</td></tr>
<tr><td>□ 线路故障</td><td>区间：　　　　原因：</td></tr>
<tr><td>□ 其他</td><td></td></tr>
</table>
2．故障点的排除处理说明
<table>
<tr><td>□ 更换</td><td>□ 维修</td><td>□ 调整</td></tr>
</table>
【发动机】
维修后故障症状及代码检查，并填写结果

【空调系统】
维修后故障症状及代码检查，并填写结果

【车身系统】
维修后故障症状及代码检查，并填写结果
</td>
</tr>
</table>

传感器线束由于老化及外力损坏原因引起的短路或断路故障是我们在实际维修过程当中比较常见的，排查起来也并不难，难点在于要在实车找到老化破损的地方。实车线束比较多，而且走向隐蔽，需要维修人员对汽车各种传感器的线束走向比较熟悉。油轨压力传感器的位置刚好在发动机气缸盖上，查起来也比较方便，所以排查过程相对简单。

（三）收款交车

维修结束，填写“维修服务委托书”，待客户付款后交车。

二、评价与反馈

（一）顶岗实习目标达成度的自我检查

序号	顶岗实习目标	顶岗实习目标达成情况（在相应的选项后打“✓”）		
		能	不能	不能的原因
1	故障码的读取			
2	故障点的检测			

续表

序号	顶岗实习目标	顶岗实习目标达成情况（在相应的选项后打“✓”）		
		能	不能	不能的原因
3	故障点的确认			
4	元件的更换或维修			
5	确认故障排除			

（二）日常性表现评价（由岗位组长或组内成员评价）

（1）工作页填写情况。（　　）

A．填写完整　　B．完成不到 20%

C．完成不到 50%　　D．完成 80%以上

（2）工作着装是否规范。（　　）

A．穿着工作服，佩戴工作牌　　B．工作服未穿或工作牌未佩戴

（3）主动参与工作现场 7S 工作情况。（　　）

A．积极主动参与　　B．在组长要求下能参与

C．在组长要求下参与效果不佳　　D．不愿意参与

（4）是否严格按照规范操作。（　　）

A．严格按照规范操作　　B．没有按照规范操作

（5）学习该任务是否全勤。（　　）

A．全勤　　B．缺勤 0～20%（有请假）

C．缺勤 20%以上　　D．缺勤 50%以上（旷工）

（6）总体评价该学徒。（　　）

A．非常优秀　　B．比较优秀

C．有待改进　　D．亟待改进

（三）师傅总体评价

对该学徒所在小组整体印象评价。（　　）

A．表现优秀，组内工作气氛好

B．组长能组织按照要求完成工作项目，1 个学徒不能达到顶岗实习目标

C．组内有 2 个学徒不能达到顶岗实习目标

D．组内有 3 个以上学徒不能达到顶岗实习目标

师傅签名______________　　________年 ________月 ________日

三、职业技能拓展

（1）根据故障检测与排除过程，完成下列表格填写，并完成一篇故障案例撰写。

<table>
<tr><td>故障名称</td><td colspan="4"></td></tr>
<tr><td>车型</td><td colspan="2"></td><td>里程</td><td></td></tr>
<tr><td>故障现象</td><td colspan="4"></td></tr>
<tr><td>使用到的工量具及配件</td><td colspan="4"></td></tr>
<tr><td>车辆预检情况</td><td colspan="4"></td></tr>
<tr><td>故障分析</td><td></td><td>可能造成故障的原因</td><td colspan="2">1.
2.
3.
4.</td></tr>
<tr><td>故障诊断</td><td colspan="4"></td></tr>
<tr><td>故障排除</td><td colspan="4"></td></tr>
<tr><td>反思小结</td><td colspan="4"></td></tr>
</table>

（2）在组内口述分享故障排除体会，由其他学徒和企业师傅完成评价。

学习情景：	组员姓名							
日期：								
评价项目	Sp	Tp	Sp	Tp	Sp	Tp	Sp	Tp
结构和布局								
专业知识								
肢体语言姿态								
语言表达能力								

评价标准			
结构和布局	专业知识	肢体语言姿态	语言表达能力
-明晰 -引入目的性明确 -开头有概述 -过渡明确 -遵守时间规定 -结尾明显 -简要总结	-专业方面正确 -清晰回答问题 -解释专业表达	-自信 -开放性的登场 -与听众有交流 -表情、手势	-清晰明了 -抑扬顿挫 -速度、停顿

注：（1）等级A～D：A=非常明显；B=相当明显；C=部分出现；D=涉及的能力完全没有出现。

（2）Sp=学徒评价；Tp=师傅评价。

顶岗任务三　汽车燃油控制模块故障的检测与维修

顶岗实习目标

※顶岗知识目标：1. 了解燃油控制模块的作用、供油系统电路图和工作原理；

2. 了解燃油控制模块的安装位置和基本检测方法。

※顶岗技能目标：1. 掌握燃油控制模块故障的检测方法；

2. 在师傅的指导下，完成燃油控制模块故障的排除；

3. 运用所学知识，分析燃油控制模块的典型故障。

顶岗实习导图

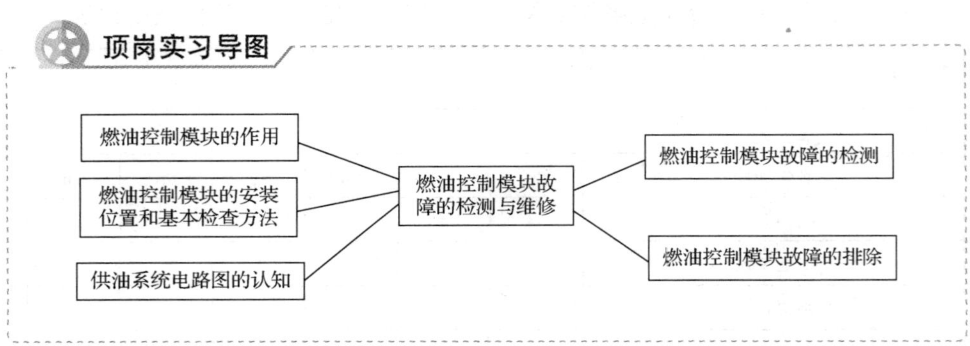

岗位任务描述

一辆 2016 年产的别克威朗，据车主反映，该车故障指示灯亮起，经常出现启动后熄火，或者不易启动的现象，在跑高速的情况下有明显的掉速现象。维修人员经过排查，发现汽车点火开关置于 ON 位置时，燃油泵偶尔没有泵油的声音，初步怀疑燃油控制系统及相关电路损坏。

一、师徒实训操作

（一）接车预检

汽车维修接待的工作人员进行车辆的初步检查，并完成“接车检查单”的填写。

（二）检测诊断

1. 技术标准与要求

（1）学徒身份：维修接待人员，维修工作人员。
（2）参照相关维修手册，了解燃油控制模块的安装位置和检测方法。
（3）拆装燃油泵、熔丝、燃油控制模块时，要注意人身和设备安全。

2. 设备器材

序号	可能用到的设备
1	
2	
3	
4	
5	

3. 任务实施

维修工作人员根据维修接待人员所提交的“接车检查单”进行相关维护保养或故障修理，填写“车辆保养、维修记录档案”。

车辆保养、维修记录档案

车辆基本情况		
车辆牌号：	车辆型号：	购车时间：
投保有效期：	保险公司：	保险金额：

保养记录

序号	日期	行驶里程	保养项目	金额	经办人	备注
1						
2						
3						

维修记录

序号	日期	维修原因	维修项目	是否大修	送修里程	金额	经办人	备注
1								
2								
3								

本任务操作步骤如下。

接车后，首先进行试车，发现汽车启动后在 1 分钟左右的时间内出现了熄火现象，再次尝试启动发动机，发现打不着火；过了 10 分钟左右以后，又能重新启动发动机，随后又熄火。

（1）用解码仪诊断故障信息，发现存在 P0627、P0629 两个故障码，如图 1-3-1 所示，发动机故障指示灯亮起。对燃油泵进行动作测试后，发现油泵的泵油声音时断时续，据此怀疑是供油系统中的相关电路出现了问题。

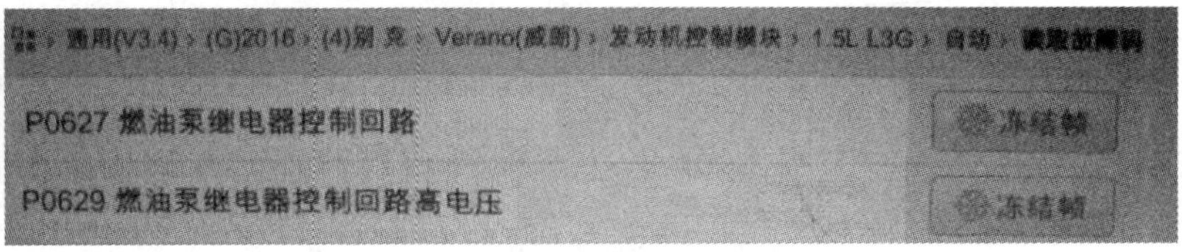

图 1-3-1　相关故障码

故障现象 确认	确认故障症状并记录症状现象（根据不同故障范围，进行功能检测，并填写检测结果） 发动机故障灯 MIL　　□ 正常 □ 不正常 发动机启动及运转状况　　□ 正常 □ 不正常 其他（如果有） ______________________

（2）查阅燃油控制系统电路图（图 1-3-2）可知，燃油泵驱动器控制模块 K111 主要接收 6 号脚的点火信号和 7 号脚的启动信号，1 号脚供电，9 号脚搭铁，2 号脚是发动机模块的控制线。汽车能启动说明点火信号和点火线路都是正常的。

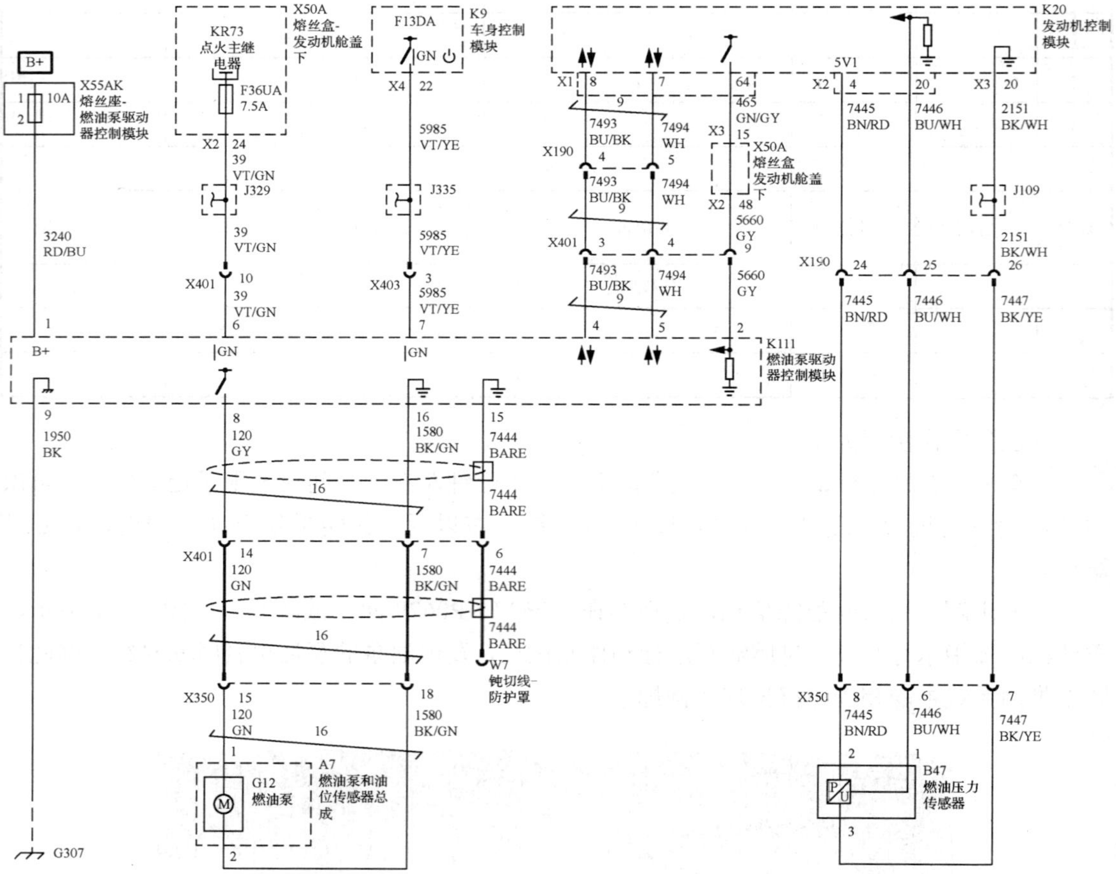

图 1-3-2　燃油控制系统电路图

（3）关闭点火开关，拆下供油模块，测量1号脚的供电情况。使用万用表测量出供电电压为12.35V，如图1-3-3所示，说明供油模块供电正常。检测9号脚的搭铁情况，测得两端电阻值为1.2Ω，说明9号接地脚导通情况正常（注意测量前要去除车身灰涂漆层）。

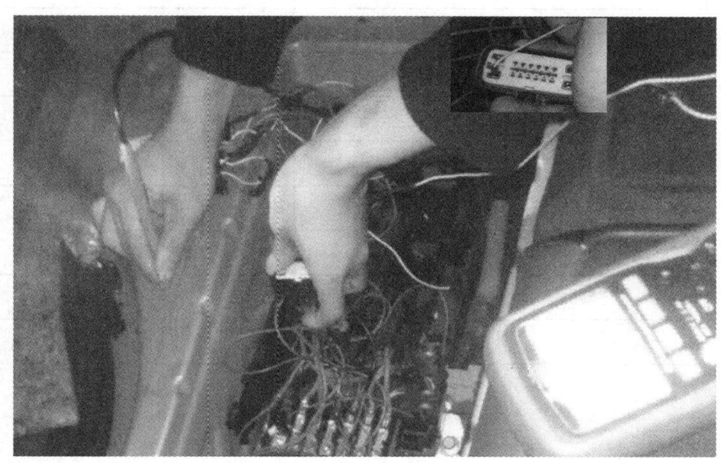

图1-3-3 测量1号脚的供电情况

（4）根据维修手册的步骤，将点火开关置于“ON（打开）”位置10秒，将控制电路端子2和搭铁之间使用试灯跨接观察，发现试灯未被点亮，如图1-3-4所示。拆下测试灯，使用故障诊断仪“燃油泵启用”指令，观察故障诊断仪上的“燃油泵启用电路电压过低测试状态”参数为“正常”，即显示结果为“正常”。

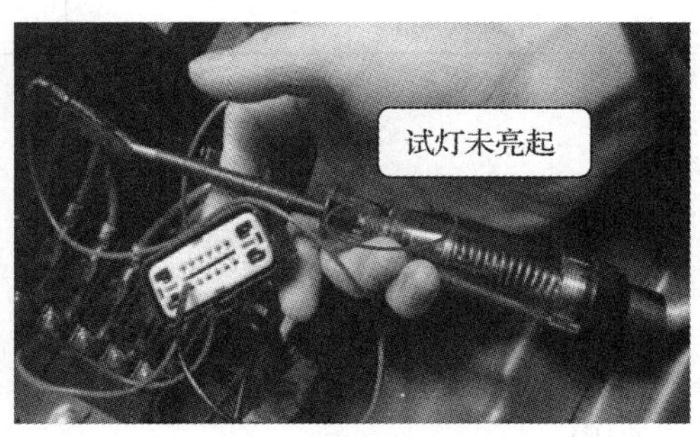

图1-3-4 使用试灯跨接控制电路端子2和搭铁

在控制电路端子2和搭铁之间安装一条带3A熔丝的跨接线。观察故障诊断仪上的“燃油泵启用电路电压过低测试状态”参数为“故障”，即显示结果为“故障”。此时根据手册指向，可判断燃油泵驱动器控制模块K111发生故障。

（5）关闭点火开关，替换燃油泵驱动器控制模块K111，使用诊断仪清除故障码后再次读码，发现故障码没有再次出现。

<table>
<tr>
<td>正确读取数据和清除故障码</td>
<td>
1．填表并记录冻结帧（只记录故障码设定时的帧）
<table>
<tr><th>项目</th><th>数值</th><th>单位</th><th>判断</th></tr>
<tr><td>发动机转速</td><td></td><td>r/min</td><td></td></tr>
<tr><td>发动机冷却液温度</td><td></td><td>℃</td><td></td></tr>
<tr><td>空气质量流量传感器测得的进气量</td><td></td><td>g/s</td><td></td></tr>
<tr><td>发动机负荷</td><td>%</td><td></td><td></td></tr>
<tr><td>燃油箱内的剩余燃油</td><td>%</td><td></td><td></td></tr>
<tr><td></td><td></td><td></td><td></td></tr>
<tr><td></td><td></td><td></td><td></td></tr>
<tr><td></td><td></td><td></td><td></td></tr>
</table>
与故障相关数据流记录
<table>
<tr><td></td><td></td><td></td><td></td></tr>
<tr><td></td><td></td><td></td><td></td></tr>
<tr><td></td><td></td><td></td><td></td></tr>
<tr><td></td><td></td><td></td><td></td></tr>
<tr><td></td><td></td><td></td><td></td></tr>
<tr><td></td><td></td><td></td><td></td></tr>
</table>
2．清除故障码
3．确认故障码是否再次出现，并填写结果
□ 无 DTC
□ 有 DTC：____________________
</td>
</tr>
</table>

（6）为彻底分析故障原因，对替换下来的燃油泵驱动器控制模块 K111 使用万用表的电阻挡进行测量。发现无论从正、反两个方向测量，其阻值都为无穷大，说明 K111 内部的晶体管已被击穿。

<table>
<tr><td rowspan="5">确定故障
范围</td><td colspan="3">根据上述检查进行判断并填写可能的故障范围</td></tr>
<tr><td></td><td>□ 可能</td><td>□ 不可能</td></tr>
<tr><td></td><td>□ 可能</td><td>□ 不可能</td></tr>
<tr><td></td><td>□ 可能</td><td>□ 不可能</td></tr>
<tr><td></td><td>□ 可能</td><td>□ 不可能</td></tr>
<tr><td rowspan="5">电路测量</td><td colspan="4">对被怀疑的线路进行测量，注明插件代码和编号、控制单元端子代号以及测量结果：</td></tr>
<tr><td>线路范围</td><td>测量结果</td><td colspan="2">检查或测试后的判断结果</td></tr>
<tr><td></td><td></td><td>□ 正常</td><td>□ 不正常</td></tr>
<tr><td></td><td></td><td>□ 正常</td><td>□ 不正常</td></tr>
<tr><td></td><td></td><td>□ 正常</td><td>□ 不正常</td></tr>
</table>

（7）替换一个同型号的燃油泵驱动器控制模块后多次试车，每次都可以顺利启动，未再出现熄火现象。半个月后进行电话回访，确认故障排除。

<table>
<tr><td rowspan="9">故障部位确认和排除</td><td colspan="3">根据上述所有的检测结果，确定故障内容并注明：
1．确定的故障</td></tr>
<tr><td>□ 元件损坏</td><td colspan="2">名称：　　　　原因：</td></tr>
<tr><td>□ 线路故障</td><td colspan="2">区间：　　　　原因：</td></tr>
<tr><td>□ 其他</td><td colspan="2"></td></tr>
<tr><td colspan="3">2．故障点的排除处理说明</td></tr>
<tr><td>□ 更换</td><td>□ 维修</td><td>□ 调整</td></tr>
<tr><td colspan="3">【发动机】
维修后故障症状及代码检查，并填写结果</td></tr>
<tr><td colspan="3">【空调系统】
维修后故障症状及代码检查，并填写结果</td></tr>
<tr><td colspan="3">【车身系统】
维修后故障症状及代码检查，并填写结果</td></tr>
</table>

看似外面都是金属的大规模集成电路模块非常稳定，但实则不然，元件越多稳定性越差。

在某些存在电压浪涌情况下，其内部即便是工业级的晶体管和保险元件也会被硬击穿。

（三）收款交车

维修结束，填写“维修服务委托书”，待客户付款后交车。

二、评价与反馈

（一）顶岗实习目标达成度的自我检查

序号	顶岗实习目标	顶岗实习目标达成情况（在相应的选项后打“✓”）		
		能	不能	不能的原因
1	故障码的读取			
2	故障点的检测			
3	故障点的确认			
4	元件的更换或维修			
5	确认故障排除			

（二）日常性表现评价（由岗位组长或组内成员评价）

（1）工作页填写情况。（　　）
A．填写完整　　B．完成不到 20%
C．完成不到 50%　　D．完成 80%以上

（2）工作着装是否规范。（　　）
A．穿着工作服，佩戴工作牌　　B．工作服未穿或工作牌未佩戴

（3）主动参与工作现场 7S 工作情况。（　　）
A．积极主动参与　　B．在组长要求下能参与
C．在组长要求下参与效果不佳　　D．不愿意参与

（4）是否严格按照规范操作。（　　）
A．严格按照规范操作　　B．没有按照规范操作

（5）学习该任务是否全勤。（　　）
A．全勤　　B．缺勤 0～20%（有请假）
C．缺勤 20%以上　　D．缺勤 50%以上（旷工）

（6）总体评价该学徒。（　　）
A．非常优秀　　B．比较优秀
C．有待改进　　D．亟待改进

（三）师傅总体评价

对该学徒所在小组整体印象评价。（　　）
A．表现优秀，组内工作气氛好

B．组长能组织按照要求完成工作项目，1 个学徒不能达到顶岗实习目标
C．组内有 2 个学徒不能达到顶岗实习目标
D．组内有 3 个以上学徒不能达到顶岗实习目标

师傅签名______________　　　　________年 ________月 ________日

三、职业技能拓展

（1）根据故障检测与排除过程，完成下列表格填写，并完成一篇故障案例撰写。

故障名称			
车型		里程	
故障现象			
使用到的工量具及配件			
车辆预检情况			
故障分析		可能造成故障的原因	1. 2. 3. 4.
故障诊断			
故障排除			
反思小结			

（2）在组内口述分享故障排除体会，由其他学徒和企业师傅完成评价。

学习情景：	组员姓名							
日期：								
评价项目	Sp	Tp	Sp	Tp	Sp	Tp	Sp	Tp
结构和布局								
专业知识								
肢体语言姿态								
语言表达能力								

评价标准			
结构和布局	专业知识	肢体语言姿态	语言表达能力
-明晰 -引入目的性明确 -开头有概述 -过渡明确 -遵守时间规定 -结尾明显 -简要总结	-专业方面正确 -清晰回答问题 -解释专业表达	-自信 -开放性的登场 -与听众有交流 -表情、手势	-清晰明了 -抑扬顿挫 -速度、停顿

注：（1）等级 A～D：A=非常明显；B=相当明显；C=部分出现；D=涉及的能力完全没有出现。

（2）Sp=学徒评价；Tp=师傅评价。

项目二 汽车传感器的检测与维修

顶岗任务一 汽车空气流量传感器故障的检测与维修

顶岗实习目标

※顶岗知识目标：1. 了解空气流量传感器的作用、电路图和工作原理；
2. 了解空气流量传感器的安装位置和基本检查方法。

※顶岗技能目标：1. 掌握空气流量传感器故障的检测方法；
2. 在师傅的指导下，完成空气流量传感器故障的排除；
3. 运用所学知识，分析空气流量传感器的典型故障。

顶岗实习导图

空气流量传感器的作用和种类

空气流量传感器的安装位置和基本检查方法

空气流量传感器电路图的认知

空气流量传感器故障的检测与维修

空气流量传感器故障的检测

空气流量传感器故障的排除

岗位任务描述

一辆 2016 年产别克威朗，行驶里程约为 5.4 万 km。据车主反映，该车发动机启动困难，启动后存在抖动、加速无力、油耗偏高的现象。维修人员经过排查，发现发动机故障指示灯亮起，踩踏加速踏板，发动机转速在 2000 转后不能上升，车速在 60km/h 左右提速困难。

一、师徒实训操作

（一）接车预检

汽车维修接待的工作人员进行车辆的初步检查，并完成“接车检查单”的填写。

（二）检测诊断

1. 技术标准与要求

（1）学徒身份：维修接待人员，维修工作人员。
（2）参照相关维修手册，了解空气流量传感器的安装位置和检测方法。
（3）拆装空气流量传感器及熔丝时，要注意人身和设备安全。

2. 设备器材

序号	可能用到的设备
1	
2	
3	
4	
5	

3. 任务实施

维修工作人员根据维修接待所提交的“接车检查单”进行相关维护保养或故障修理。填写“车辆保养、维修记录档案”。

<table>
<tr><th colspan="7">车辆保养、维修记录档案</th></tr>
<tr><td colspan="7">车辆基本情况</td></tr>
<tr><td colspan="3">车辆牌号：</td><td>车辆型号：</td><td colspan="3">购车时间：</td></tr>
<tr><td colspan="3">投保有效期：</td><td>保险公司：</td><td colspan="3">保险金额：</td></tr>
<tr><td colspan="7">保养记录</td></tr>
<tr><td>序号</td><td>日期</td><td>行驶里程</td><td>保养项目</td><td>金额</td><td>经办人</td><td>备注</td></tr>
<tr><td>1</td><td></td><td></td><td></td><td></td><td></td><td></td></tr>
<tr><td>2</td><td></td><td></td><td></td><td></td><td></td><td></td></tr>
<tr><td>3</td><td></td><td></td><td></td><td></td><td></td><td></td></tr>
</table>

续表

维修记录								
序号	日期	维修原因	维修项目	是否大修	送修里程	金额	经办人	备注
1								
2								
3								

本任务操作步骤如下。

（1）接车后，对故障车辆进行试车，发现汽车发动机虽然能启动，但是发动机存在明显的抖动现象；同时该车加速无力，油耗偏高，驾驶室仪表盘故障指示灯亮起。

（2）打开点火开关，使用解码仪诊断故障信息，出现故障码 P0101、P0102，随后读取空气质量流量传感器数据流发现进气量为 0.0g/s，如图 2-1-1 所示，据此怀疑是空气质量流量传感器及其相关电路出现了问题。

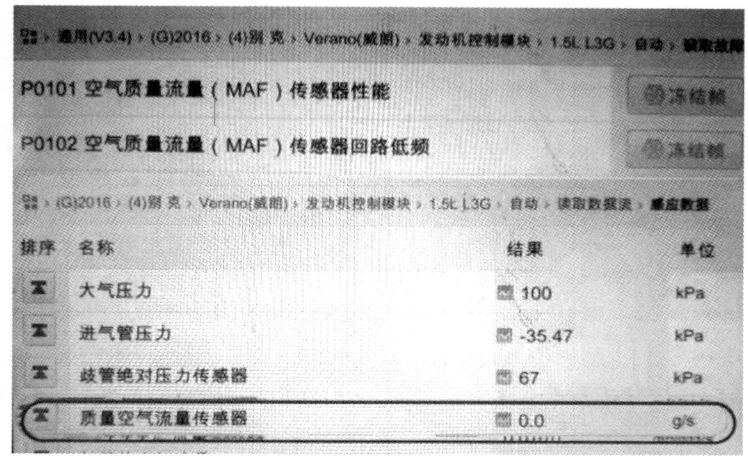

图 2-1-1　空气质量流量传感器故障码与数据流

<table>
<tr><td>故障现象确认</td><td>确认故障症状并记录症状现象（根据不同故障范围进行功能检测，并填写检测结果）
发动机故障灯 MIL　　□ 正常 □ 不正常
发动机启动及运转状况　　□ 正常 □ 不正常
其他（如果有）
________________</td></tr>
</table>

（3）查阅空气质量流量传感器相关电路，如图 2-1-2 所示，该车使用的 B75C 多功能进气量传感器，翻阅手册发现上面有 8 根线：1 号线为湿度信号线，3 号线为空气流量信号线，4 号线为空气质量流量传感器的控制搭铁线，5 号线是空气质量流量传感器的供电线，6 号线为大气压力传感器信号线，2 号线为大气压力传感器供电线，8 号线为进气温度传感器的供电线，7 号线为进气温度传感器和大气压力传感器的公共搭铁线。当存在故障代码时，发动机控制模块（engine control module，ECM）进入失效保护模式，用发动机转速和节气门开度来计算点火正时，直至故障排除为止。

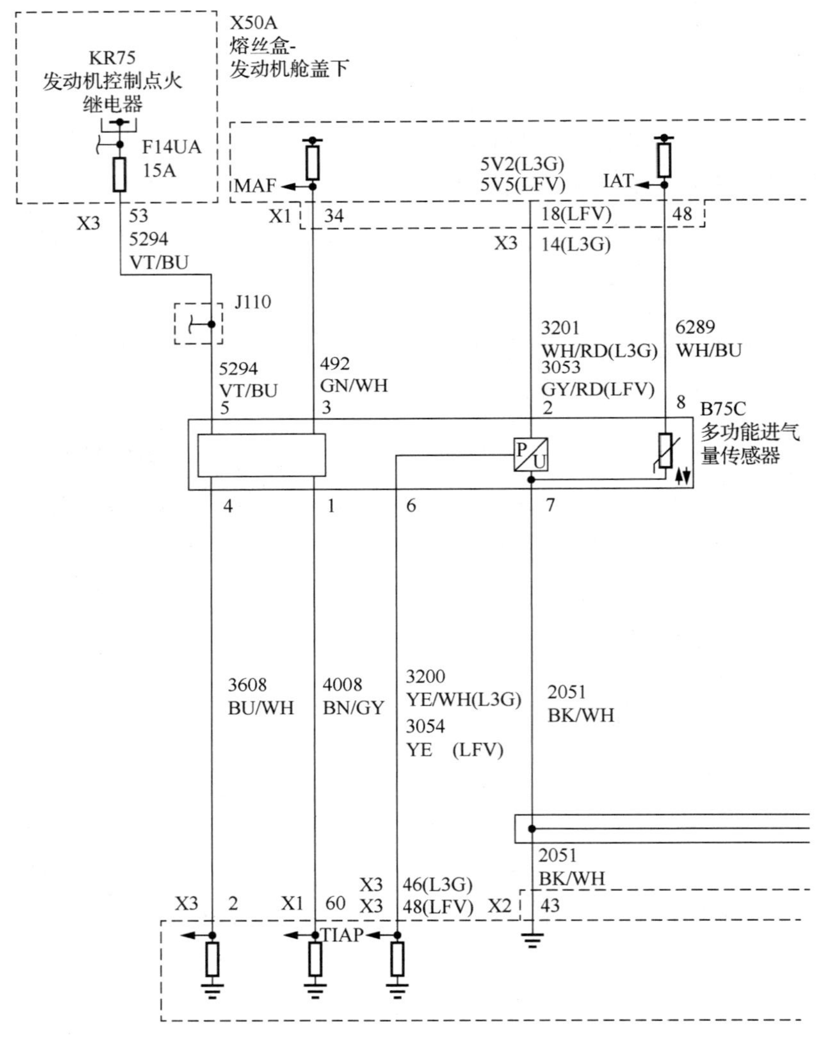

图 2-1-2　空气质量流量传感器电路

正确读取数据和清除故障码

1．填表并记录冻结帧（只记录故障码设定时的帧）

项目	数值	单位	判断
发动机转速		r/min	
发动机冷却液温度		℃	
空气质量流量传感器测得的进气量		g/s	
发动机负荷	%		
燃油箱内的剩余燃油	%		

与故障相关数据流记录

2．清除故障码

3．确认故障码是否再次出现，并填写结果

□ 无 DTC

□ 有 DTC：____________________

（4）根据先简单后烦琐的思路，检测相关的 3 根线束以及插接器有无松脱与断路之类的故障。经过通断检测发现相关的线束通断全部正常，未再出现断路、接触不良和短路的情况。

确定故障范围

根据上述检查进行判断并填写可能故障范围

	□ 可能	□ 不可能
	□ 可能	□ 不可能
	□ 可能	□ 不可能
	□ 可能	□ 不可能

（5）对 ECM 供电及接收信号情况进行检测。将点火开关置于“ON”位置，使用万用表直流电压挡测量空气质量流量传感器插接器 5 号线与车身搭铁之间的电压，如图 2-1-3 所示。测得电压为 12.19V，说明空气质量流量传感器供电正常；使用试灯对空气质量流量传感器插接器 5 号线-插接器 4 号线进行测试，如图 2-1-4 所示，发现试灯亮起，说明空气质量流量传感器搭铁正常。

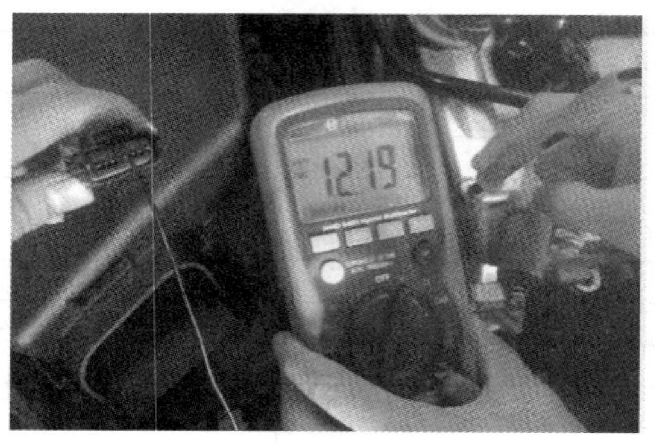

图 2-1-3　检测空气质量流量传感器供电情况

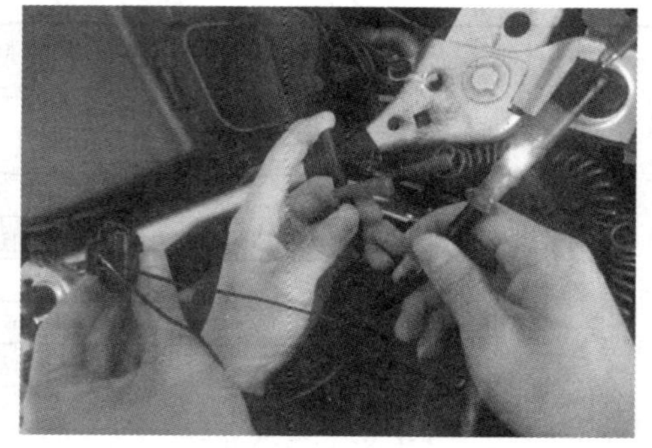
图 2-1-4　检测空气质量流量传感器搭铁情况

（6）对空气质量流量传感器进行功能性测试。查询维修手册发现手册上没有明确的测量方法，手头上也没有该空气质量流量传感器信号模拟器。于是拆下空气质量流量传感器，先使用软毛刷清洁热膜电阻；然后一边使用吹风机对空气质量流量传感器进行模拟进气，另一边用解码仪的数据流功能进行进气量测试，如图 2-1-5 所示。发现空气质量流量传感器在通电、模拟进气的情况下进气量数值没有变化，说明 ECM 没有收到空气质量流量传感器的进气量信号，空气质量流量传感器内部存在故障。

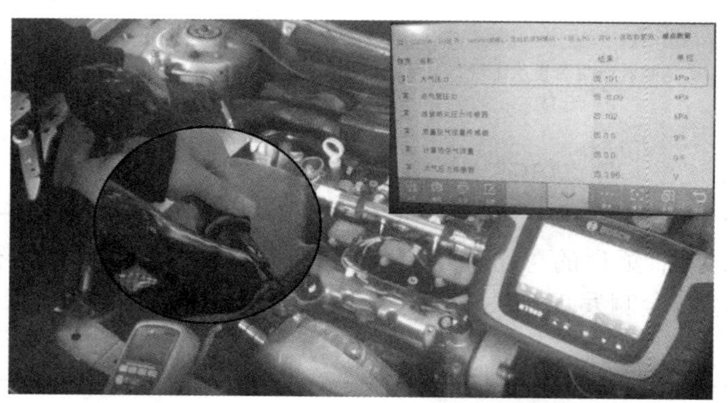
图 2-1-5　对空气质量流量传感器进行模拟测试

<table>
<tr><td rowspan="5">电路测量</td><td colspan="4">对被怀疑的线路进行测量，注明插件代码和编号，控制单元端子代号以及测量结果：</td></tr>
<tr><td>线路范围</td><td>测量结果</td><td colspan="2">检查或测试后的判断结果</td></tr>
<tr><td></td><td></td><td>□ 正常</td><td>□ 不正常</td></tr>
<tr><td></td><td></td><td>□ 正常</td><td>□ 不正常</td></tr>
<tr><td></td><td></td><td>□ 正常</td><td>□ 不正常</td></tr>
</table>

（7）更换空气质量流量传感器，清除故障码以后，再次读取发现故障消失，试车后发现加速、油耗均恢复正常。半个月后进行电话回访，确认故障排除。

<table>
<tr><td rowspan="1">故障部位确认和排除</td><td>根据上述的所有检测结果，确定故障内容并注明：
1．确定的故障
<table><tr><td>□ 元件损坏</td><td>名称：　　原因：</td></tr><tr><td>□ 线路故障</td><td>区间：　　原因：</td></tr><tr><td>□ 其他</td><td></td></tr></table>
2．故障点的排除处理说明
<table><tr><td>□ 更换</td><td>□ 维修</td><td>□ 调整</td></tr></table>
【发动机】
维修后故障症状及代码检查，并填写结果

【空调系统】
维修后故障症状及代码检查，并填写结果

【车身系统】
维修后故障症状及代码检查，并填写结果</td></tr>
</table>

空气质量流量传感器是用于检测流经节气门的空气质量的传感器，根据此信号确认燃油喷射时间以及确认空燃比。空气质量流量传感器出现故障以后，ECM 只能根据发动机转速和节气门开度来计算点火正时，ECM 会进入失效保护状态，此时会出现加速无力、启动困难、发动机抖动、油耗偏高的现象。

（三）收款交车

维修结束，填写“维修服务委托书”，待客户付款后交车。

二、评价与反馈

（一）顶岗实习目标达成度的自我检查

序号	顶岗实习目标	顶岗实习目标达成情况（在相应的选项后打“✓”）		
		能	不能	不能的原因
1	故障码的读取			

续表

序号	顶岗实习目标	顶岗实习目标达成情况（在相应的选项后打“✓”）		
		能	不能	不能的原因
2	故障点的检测			
3	故障点的确认			
4	元件的更换或维修			
5	确认故障排除			

（二）日常性表现评价（由岗位组长或组内成员评价）

（1）工作页填写情况。（　　）

A．填写完整　　B．完成不到 20%

C．完成不到 50%　　D．完成 80%以上

（2）工作着装是否规范。（　　）

A．穿着工作服，佩戴工作牌　　B．工作服未穿或工作牌未佩戴

（3）主动参与工作现场 7S 工作情况。（　　）

A．积极主动参与　　B．在组长要求下能参与

C．在组长要求下参与效果不佳　　D．不愿意参与

（4）是否严格按照规范操作。（　　）

A．严格按照规范操作　　B．没有按照规范操作

（5）学习该任务是否全勤。（　　）

A．全勤　　B．缺勤 0～20%（有请假）

C．缺勤 20%以上　　D．缺勤 50%以上（旷工）

（6）总体评价该学徒。（　　）

A．非常优秀　　B．比较优秀

C．有待改进　　D．亟待改进

（三）师傅总体评价

对该同学所在小组整体印象评价。（　　）

A．表现优秀，组内工作气氛好

B．组长能组织按照要求完成工作项目，1 个学徒不能达到顶岗实习目标

C．组内有 2 个学徒不能达到顶岗实习目标

D．组内有 3 个以上学徒不能达到顶岗实习目标

师傅签名__________　　______年　______月　______日

三、职业技能拓展

（1）根据故障检测与排除过程，完成下列表格填写，并完成一篇故障案例撰写。

<table>
<tr><td>故障名称</td><td colspan="3"></td></tr>
<tr><td>车型</td><td></td><td>里程</td><td></td></tr>
<tr><td>故障现象</td><td colspan="3"></td></tr>
<tr><td>使用到的工量具及配件</td><td colspan="3"></td></tr>
<tr><td>车辆预检情况</td><td colspan="3"></td></tr>
<tr><td>故障分析</td><td></td><td>可能造成故障的原因</td><td>1.
2.
3.
4.</td></tr>
<tr><td>故障诊断</td><td colspan="3"></td></tr>
<tr><td>故障排除</td><td colspan="3"></td></tr>
<tr><td>反思小结</td><td colspan="3"></td></tr>
</table>

（2）在组内口述分享故障排除体会，由其他学徒和企业师傅完成评价。

<table>
<tr><td>学习情景：</td><td colspan="8">组员姓名</td></tr>
<tr><td>日期：</td><td colspan="2"></td><td colspan="2"></td><td colspan="2"></td><td colspan="2"></td></tr>
<tr><td>评价项目</td><td>Sp</td><td>Tp</td><td>Sp</td><td>Tp</td><td>Sp</td><td>Tp</td><td>Sp</td><td>Tp</td></tr>
<tr><td>结构和布局</td><td></td><td></td><td></td><td></td><td></td><td></td><td></td><td></td></tr>
<tr><td>专业知识</td><td></td><td></td><td></td><td></td><td></td><td></td><td></td><td></td></tr>
<tr><td>肢体语言姿态</td><td></td><td></td><td></td><td></td><td></td><td></td><td></td><td></td></tr>
<tr><td>语言表达能力</td><td></td><td></td><td></td><td></td><td></td><td></td><td></td><td></td></tr>
</table>

<table>
<tr><td colspan="4">评价标准</td></tr>
<tr><td>结构和布局</td><td>专业知识</td><td>肢体语言姿态</td><td>语言表达能力</td></tr>
<tr><td>-明晰
-引入目的性明确
-开头有概述
-过渡明确
-遵守时间规定
-结尾明显
-简要总结</td><td>-专业方面正确
-清晰回答问题
-解释专业表达</td><td>-自信
-开放性的登场
-与听众有交流
-表情、手势</td><td>-清晰明了
-抑扬顿挫
-速度、停顿</td></tr>
</table>

注：（1）等级 A～D：A=非常明显；B=相当明显；C=部分出现；D=涉及的能力完全没有出现。

（2）Sp=学徒评价；Tp=师傅评价。

顶岗任务二　汽车冷却液温度传感器故障的检测与维修

顶岗实习目标

※顶岗知识目标：1. 了解冷却液温度传感器的作用、电路图和工作原理；

2. 了解冷却液温度传感器的安装位置和基本检测方法。

※顶岗技能目标：1. 掌握冷却液温度传感器故障的检测方法；

2. 在师傅的指导下，完成冷却液温度传感器故障的排除；

3. 运用所学知识，分析冷却液温度传感器的典型故障。

顶岗实习导图

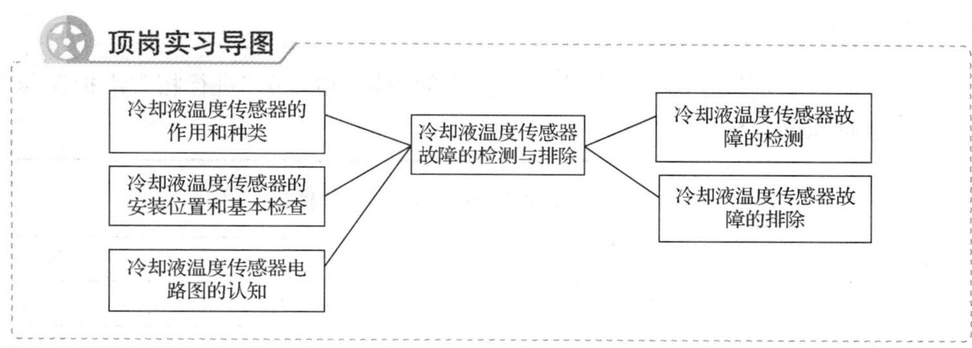

岗位任务描述

一辆 2016 年产别克威朗，行驶里程约为 5.4 万 km，据车主反映，该车在启动后怠速不稳，冷车时启动困难。于是致电我站，咨询相关事项。

一、师徒实训操作

（一）接车预检

汽车维修接待的工作人员进行车辆的初步检查，并完成“接车检查单”的填写。

（二）检测诊断

1. 技术标准与要求

（1）学徒身份：维修接待人员，维修工作人员。
（2）参照相关维修手册，了解冷却液温度传感器的安装位置和检测方法。
（3）拆装冷却液温度传感器，要注意人身和设备安全。

2. 设备器材

序号	可能用到的设备
1	
2	
3	
4	
5	

3. 任务实施

维修工作人员根据维修接待人员所提交的“接车检查单”进行相关维护保养或故障修理，填写“车辆保养、维修记录档案”。

<table>
<tr><th colspan="11">车辆保养、维修记录档案</th></tr>
<tr><td colspan="11">车辆基本情况</td></tr>
<tr><td colspan="3">车辆牌号：</td><td colspan="2">车辆型号：</td><td colspan="6">购车时间：</td></tr>
<tr><td colspan="3">投保有效期：</td><td colspan="2">保险公司：</td><td colspan="6">保险金额：</td></tr>
<tr><td colspan="11">保养记录</td></tr>
<tr><td>序号</td><td>日期</td><td>行驶里程</td><td colspan="2">保养项目</td><td colspan="2">金额</td><td colspan="2">经办人</td><td colspan="2">备注</td></tr>
<tr><td>1</td><td></td><td></td><td colspan="2"></td><td colspan="2"></td><td colspan="2"></td><td colspan="2"></td></tr>
<tr><td>2</td><td></td><td></td><td colspan="2"></td><td colspan="2"></td><td colspan="2"></td><td colspan="2"></td></tr>
<tr><td>3</td><td></td><td></td><td colspan="2"></td><td colspan="2"></td><td colspan="2"></td><td colspan="2"></td></tr>
<tr><td colspan="11">维修记录</td></tr>
<tr><td>序号</td><td>日期</td><td>维修原因</td><td>维修项目</td><td colspan="2">是否大修</td><td>送修里程</td><td colspan="2">金额</td><td>经办人</td><td>备注</td></tr>
<tr><td>1</td><td></td><td></td><td></td><td colspan="2"></td><td></td><td colspan="2"></td><td></td><td></td></tr>
<tr><td>2</td><td></td><td></td><td></td><td colspan="2"></td><td></td><td colspan="2"></td><td></td><td></td></tr>
<tr><td>3</td><td></td><td></td><td></td><td colspan="2"></td><td></td><td colspan="2"></td><td></td><td></td></tr>
</table>

本任务操作步骤如下。

（1）接车后，在冷车的状态下，发现启动困难；试车发现汽车发动机怠速不稳；在加速时发动机加速困难，油门踩到底时发动机转速上不去，发动机故障灯亮起。

（2）使用解码仪诊断读取故障码，显示故障码为 P0118，即发动机冷却液温度电路故障，读取冷却液温度数据流发现显示的温度为-40℃，如图 2-2-1 所示。初步判断可能是发动机缸体侧的 1 号冷却液温度传感器及相关线束断路故障。

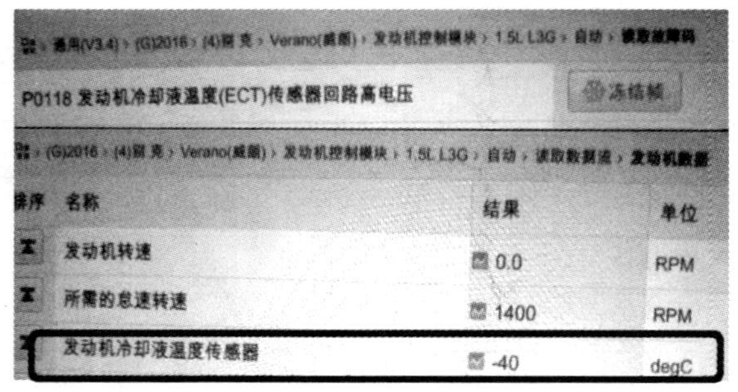

图 2-2-1　冷却液温度传感器故障码和数据流

<table>
<tr><td>故障现象
确认</td><td>确认故障症状并记录症状现象（根据不同故障范围，进行功能检测，并填写检测结果）
发动机故障灯 MIL　□ 正常 □ 不正常
发动机启动及运转状况　□ 正常 □ 不正常
其他（如果有）
__________________</td></tr>
</table>

（3）查阅维修手册可知：发动机冷却液温度传感器 B34A 的 1 号端子供电，2 号端子和 ECM 搭铁，如图 2-2-2 所示。ECM 给冷却液温度传感器加 5V 的信号电，冷却液温度传感器内部有一个负温度系数的电阻器，阻止传感器随水温高低发生变化，从而间接影响 ECM 两端电压的高低。当出现故障后，ECM 进入失效保护模式。ECM 模拟发动机冷却液温度为 80℃。

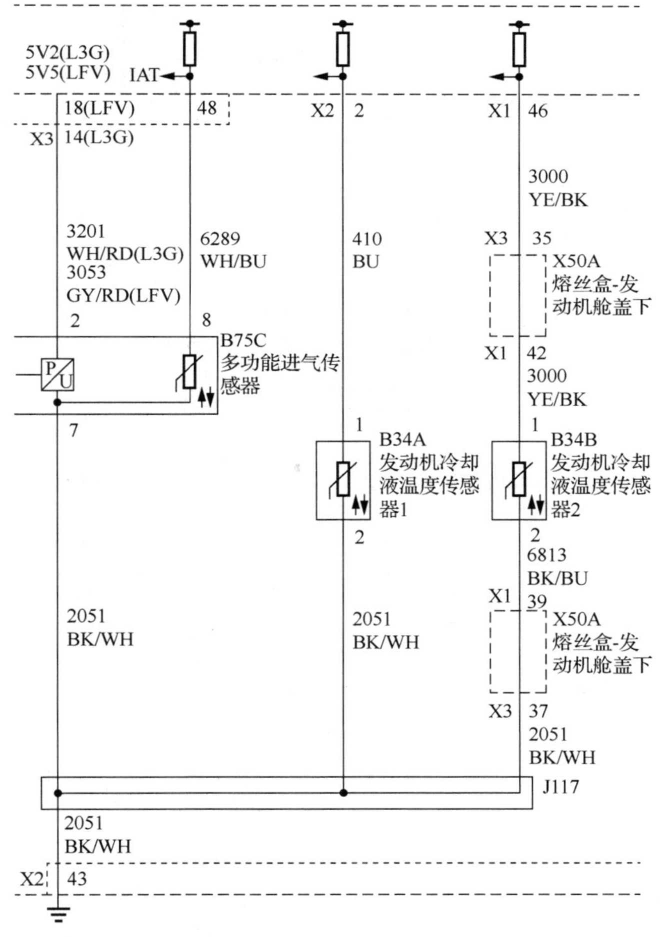

图 2-2-2　冷却液温度传感器电路图

<table>
<tr>
<td>正确读取数据和清除故障码</td>
<td>

1．冻结帧记录（只记录故障码设定时的帧）

项目	数值	单位	判断
发动机转速		r/min	
发动机冷却液温度		℃	
空气质量流量传感器测得的进气量		g/s	
发动机负荷	%		
燃油箱内的剩余燃油	%		

与故障相关数据流记录

2．清除故障码

3．确认故障码是否再次出现，并填写结果

□ 无 DTC

□ 有 DTC：______________________

</td>
</tr>
</table>

（4）制定冷却液温度传感器故障排除的流程图，如图 2-2-3 所示。

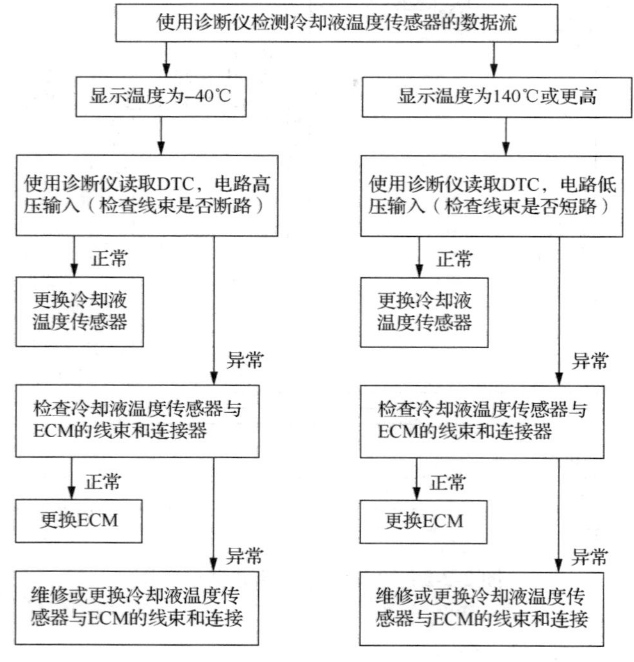

图 2-2-3　冷却液温度传感器故障排除流程图

确定故障范围	根据上述检查进行判断并填写可能故障范围		
		□ 可能	□ 不可能
		□ 可能	□ 不可能
		□ 可能	□ 不可能
		□ 可能	□ 不可能

（5）检测：拔下冷却液温度传感器连接器端子，使用跨接线短接连接器的 1、2 号脚，如图 2-2-4 所示。打开点火开关，连接解码仪读取数据流，发现数据流的冷却液温度从原来的-40℃变为 150℃，如图 2-2-5 所示，由此可以判断出连接器至 ECM 的相关线束全部正常，说明问题出在冷却液温度传感器上。

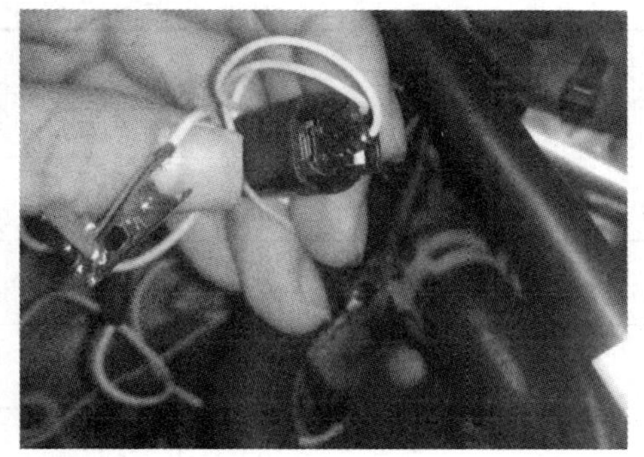

图 2-2-4　跨接连接器 1、2 号脚

排序	名称	结果	单位
	发动机转速	680.75	RPM
	所需的怠速转速	680	RPM
	发动机冷却液温度传感器	150	degC
	进气温度传感器1	24	degC
	进气温度传感器2	21	degC
	进气温度传感器2	156	Hz

图 2-2-5　读取跨接后的冷却液温度数据流

电路测量	对被怀疑的线路进行测量，注明插件代码和编号、控制单元端子代号以及测量结果：			
	线路范围	测量结果	检查或测试后的判断结果	
			□ 正常	□ 不正常
			□ 正常	□ 不正常
			□ 正常	□ 不正常

（6）使用跨接线连接 ECM 连接器与冷却液温度传感器的接线口，使用万用表测量冷却液温度传感器电阻值，如图 2-2-6 所示。测得其在水温为 90℃左右时的电阻值为 19.32kΩ，对比标准范围值 237～249Ω明显偏大，据此可以判断出冷却液温度传感器发生故障。更换冷却液温度传感器，使用解码仪清除故障，再次读取故障码，DTC 未再次出现。读取水温数据流为 82℃，试车后发现发动机加速恢复正常，在冷车状态下发动机顺利启动。半个月后进行电话回访，确认故障排除。

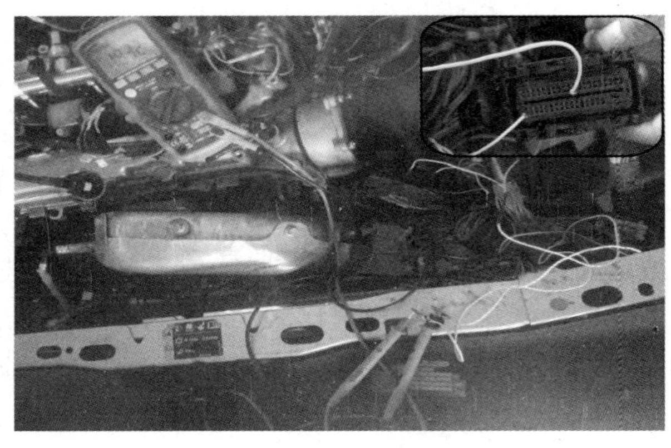

图 2-2-6　测量水温传感器电阻值

<table>
<tr>
<td rowspan="4">故障部位确认和排除</td>
<td colspan="3">根据上述的所有检测结果，确定故障内容并注明：
1．确定的故障</td>
</tr>
<tr>
<td colspan="3">
<table>
<tr><td>□ 元件损坏</td><td>名称：　　原因：</td></tr>
<tr><td>□ 线路故障</td><td>区间：　　原因：</td></tr>
<tr><td>□ 其他</td><td></td></tr>
</table>
</td>
</tr>
<tr>
<td colspan="3">2．故障点的排除处理说明
<table>
<tr><td>□ 更换</td><td>□ 维修</td><td>□ 调整</td></tr>
</table>
</td>
</tr>
<tr>
<td colspan="3">【发动机】
维修后故障症状及代码检查，并填写结果

【空调系统】
维修后故障症状及代码检查，并填写结果

【车身系统】
维修后故障症状及代码检查，并填写结果</td>
</tr>
</table>

温度类传感器，比如冷却液温度传感器、进气温度传感器，在测试中可以使用跨接线短接的方式。配合数据流的读取，快速判断出是线束和 ECM 存在问题，还是冷却液温度传感器出现故障。

（三）收款交车

维修结束，填写“维修服务委托书”，待客户付款后交车。

二、评价与反馈

（一）顶岗实习目标达成度的自我检查

序号	顶岗实习目标	顶岗实习目标达成情况（在相应的选项后打“✓”）		
		能	不能	不能的原因
1	故障码的读取			
2	故障点的检测			
3	故障点的确认			
4	元件的更换或维修			
5	确认故障排除			

（二）日常性表现评价（由岗位组长或组内成员评价）

（1）工作页填写情况。（　　）

A．填写完整　　B．完成不到 20%

C．完成不到 50%　　D．完成 80%以上

（2）工作着装是否规范。（　　）

A．穿着工作服，佩戴工作牌　　B．工作服未穿或工作牌未佩戴

（3）主动参与工作现场 7S 工作情况。（　　）

A．积极主动参与　　B．在组长要求下能参与

C．在组长要求下参与效果不佳　　D．不愿意参与

（4）是否严格按照规范操作。（　　）

A．严格按照规范操作　　B．没有按照规范操作

（5）学习该任务是否全勤。（　　）

A．全勤　　B．缺勤 0～20%（有请假）

C．缺勤 20%以上　　D．缺勤 50%以上（旷工）

（6）总体评价该学徒。（　　）

A．非常优秀　　B．比较优秀

C．有待改进　　D．亟待改进

（三）师傅总体评价

对该学徒所在小组整体印象评价。（　　）

A．表现优秀，组内工作气氛好

B．组长能组织按照要求完成工作项目，1 个学徒不能达到顶岗实习目标

C．组内有 2 个学徒不能达到顶岗实习目标

D．组内有 3 个以上学徒不能达到顶岗实习目标

师傅签名________________　　__________年 __________月 __________日

三、职业技能拓展

（1）根据故障检测与排除过程，完成下列表格填写，并完成一篇故障案例撰写。

<table>
<tr><td>故障名称</td><td colspan="4"></td></tr>
<tr><td>车型</td><td colspan="2"></td><td>里程</td><td></td></tr>
<tr><td>故障现象</td><td colspan="4"></td></tr>
<tr><td>使用到的工量具及配件</td><td colspan="4"></td></tr>
<tr><td>车辆预检情况</td><td colspan="4"></td></tr>
<tr><td>故障分析</td><td></td><td>可能造成故障的原因</td><td colspan="2">1.
2.
3.
4.</td></tr>
<tr><td>故障诊断</td><td colspan="4"></td></tr>
<tr><td>故障排除</td><td colspan="4"></td></tr>
<tr><td>反思小结</td><td colspan="4"></td></tr>
</table>

（2）在组内口述分享故障排除体会，由其他学徒和企业师傅完成评价。

学习情景：	组员姓名							
日期：								
评价项目	Sp	Tp	Sp	Tp	Sp	Tp	Sp	Tp
结构和布局								
专业知识								
肢体语言姿态								
语言表达能力								

评价标准			
结构和布局	专业知识	肢体语言姿态	语言表达能力
-明晰 -引入目的性明确 -开头有概述 -过渡明确 -遵守时间规定 -结尾明显 -简要总结	-专业方面正确 -清晰回答问题 -解释专业表达	-自信 -开放性的登场 -与听众有交流 -表情、手势	-清晰明了 -抑扬顿挫 -速度、停顿

注：（1）等级A～D：A=非常明显；B=相当明显；C=部分出现；D=涉及的能力完全没有出现。

（2）Sp=学徒评价；Tp=师傅评价。

顶岗任务三　汽车氧传感器故障的检测与维修

顶岗实习目标

※顶岗知识目标：1. 了解氧传感器的作用、电路图和工作原理；

2. 了解氧传感器的安装位置和基本检测方法。

※顶岗技能目标：1. 掌握氧传感器故障的检测方法；

2. 在师傅的指导下，完成氧传感器故障的排除；

3. 运用所学知识，分析氧传感器的典型故障。

顶岗实习导图

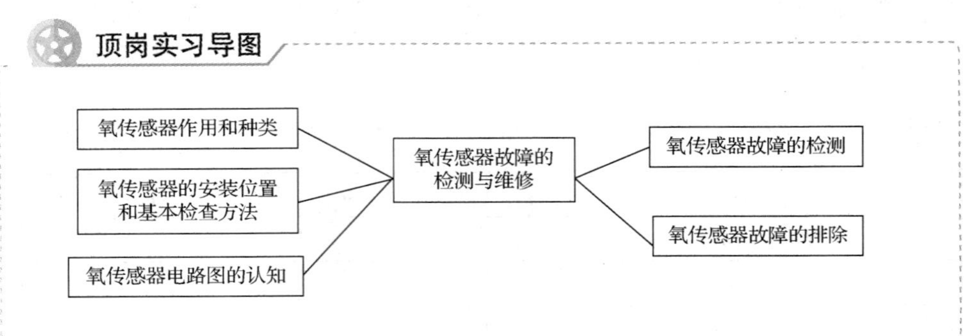

岗位任务描述

一辆 2009 年产别克威朗车，行驶里程约为 7.3 万 km。据驾驶人反映，该车发动机故障灯亮，并且油耗相对之前高了很多。经车间主管检查和诊断，确定是氧传感器损坏所引起的，交给机电组做进一步检修。作为机电组维修人员，你需要在规定时间内按专业要求对排放系统进行检查、测试，必要时更换损坏的零部件，并与服务顾问或客户及时沟通交流，维修完毕后进行自检，交付服务顾问，试车验收。

一、师徒实训操作

（一）接车预检

汽车维修接待的工作人员进行车辆的初步检查，并完成“接车检查单”的填写。

（二）检测诊断

1. 技术标准与要求

（1）学徒身份：维修接待人员，维修工作人员。
（2）参照相关维修手册，了解氧传感器的安装位置和检测方法。
（3）拆装氧传感器和熔丝时，要注意人身和设备安全。

2. 设备器材

序号	可能用到的设备
1	
2	
3	
4	
5	

3. 任务实施

维修工作人员根据维修接待人员所提交的“接车检查单”进行相关维护保养或故障修理，填写“车辆保养、维修记录档案”。

<table>
<tr><th colspan="9">车辆保养、维修记录档案</th></tr>
<tr><td colspan="9">车辆基本情况</td></tr>
<tr><td colspan="3">车辆牌号：</td><td>车辆型号：</td><td colspan="5">购车时间：</td></tr>
<tr><td colspan="3">投保有效期：</td><td>保险公司：</td><td colspan="5">保险金额：</td></tr>
<tr><td colspan="9">保养记录</td></tr>
<tr><td>序号</td><td>日期</td><td>行驶里程</td><td>保养项目</td><td colspan="2">金额</td><td colspan="2">经办人</td><td>备注</td></tr>
<tr><td>1</td><td></td><td></td><td></td><td colspan="2"></td><td colspan="2"></td><td></td></tr>
<tr><td>2</td><td></td><td></td><td></td><td colspan="2"></td><td colspan="2"></td><td></td></tr>
<tr><td>3</td><td></td><td></td><td></td><td colspan="2"></td><td colspan="2"></td><td></td></tr>
<tr><td colspan="9">维修记录</td></tr>
<tr><td>序号</td><td>日期</td><td>维修原因</td><td>维修项目</td><td>是否大修</td><td>送修里程</td><td>金额</td><td>经办人</td><td>备注</td></tr>
<tr><td>1</td><td></td><td></td><td></td><td></td><td></td><td></td><td></td><td></td></tr>
<tr><td>2</td><td></td><td></td><td></td><td></td><td></td><td></td><td></td><td></td></tr>
<tr><td>3</td><td></td><td></td><td></td><td></td><td></td><td></td><td></td><td></td></tr>
</table>

本任务操作步骤如下。

（1）接车后，维修工作人员通过解码仪进行读码，故障代码为P0030 HO2S加热器控制回路传感器1与P0031 HO2S加热器控制回路低电压，传感器1，如图2-3-1所示。通过解码可知，故障是由氧传感器1不正常所引起的。

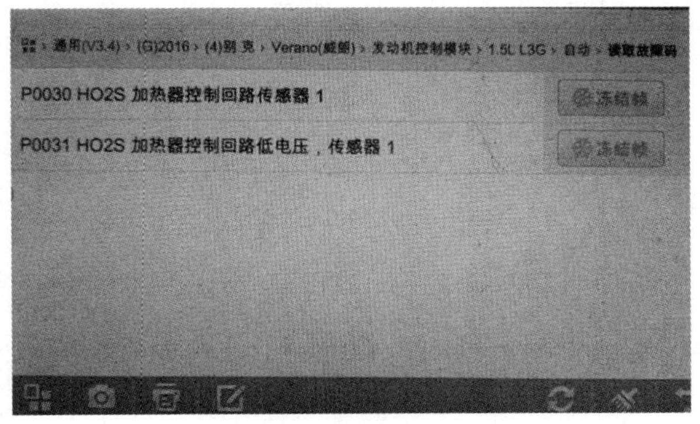

图2-3-1　故障码读取

故障现象确认	确认故障症状并记录症状现象（根据不同故障范围进行功能检测，并填写检测结果） 发动机故障灯 MIL　□ 正常 □ 不正常 发动机启动及运转状况　□ 正常 □ 不正常 其他（如果有） ________________

（2）氧传感器相关电路如图 2-3-2 所示。查阅后可知，氧传感器有一个工作温度限制，只有在 300℃以上才能正常工作。如果加热电阻器损坏，氧传感器就只能等到排气温度达到 300℃时传感器才能正常工作。可用加热电阻器提前使传感器进入工作状态，电脑才能更早采用氧传感器反馈信号来精确喷油。因此，如果加热电阻器有问题，发动机的油耗将大大提升。

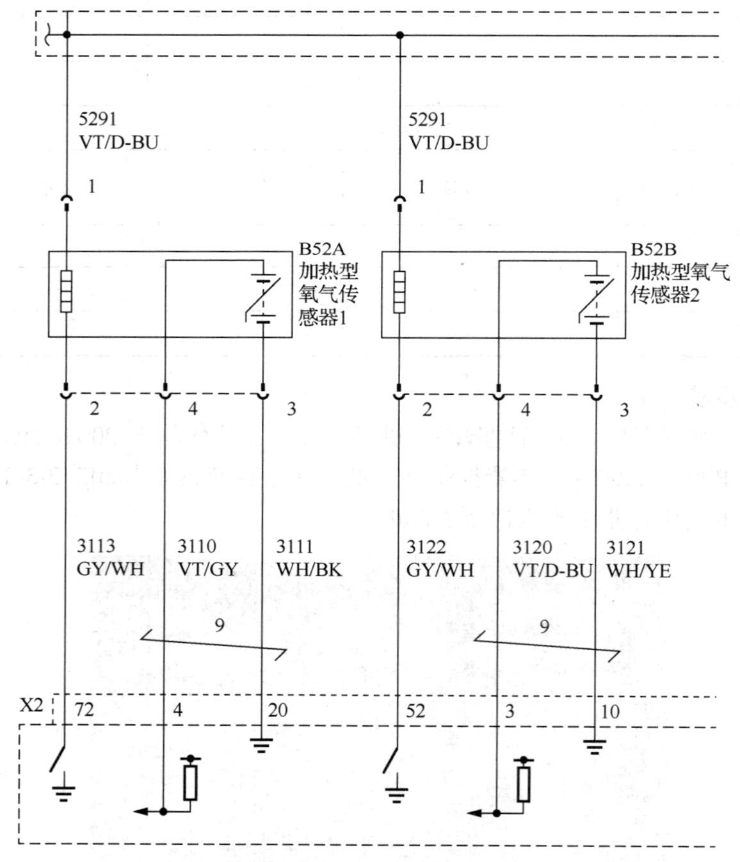

图 2-3-2　氧传感器电路图

（3）故障范围确认。

<table>
<tr><td rowspan="5">确定故障范围</td><td colspan="3">根据上述检查进行判断并填写可能故障范围</td></tr>
<tr><td></td><td>□ 可能</td><td>□ 不可能</td></tr>
<tr><td></td><td>□ 可能</td><td>□ 不可能</td></tr>
<tr><td></td><td>□ 可能</td><td>□ 不可能</td></tr>
<tr><td></td><td>□ 可能</td><td>□ 不可能</td></tr>
</table>

（4）电路测量。

<table>
<tr><td rowspan="5">电路测量</td><td colspan="4">对被怀疑的线路进行测量，注明插件代码和编号、控制单元端子代号以及测量结果：</td></tr>
<tr><td>线路范围</td><td>测量结果</td><td colspan="2">检查或测试后的判断结果</td></tr>
<tr><td></td><td></td><td>□ 正常</td><td>□ 不正常</td></tr>
<tr><td></td><td></td><td>□ 正常</td><td>□ 不正常</td></tr>
<tr><td></td><td></td><td>□ 正常</td><td>□ 不正常</td></tr>
</table>

通过查看电路图 2-3-2 可知，氧传感器插接器的 1 号与 2 号端子之间为加热电阻器，正常数值应该是 7～15Ω。通过测量，我们看到 1 号、2 号端子之间的电阻值为无穷大，如图 2-3-3 所示，说明氧传感器元件内加热电阻器存在断路现象。

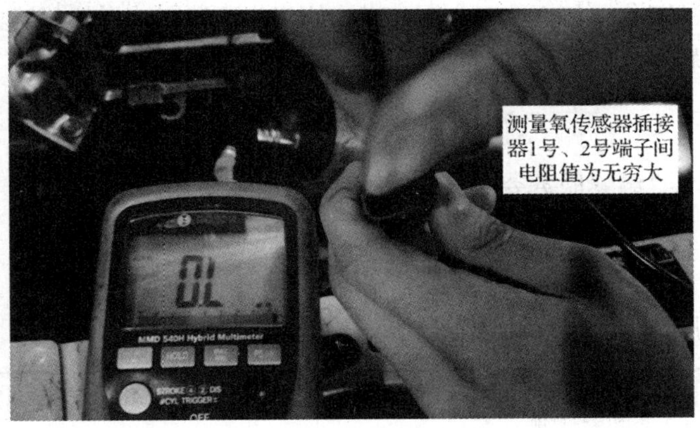

图 2-3-3　测量氧传感器 1 号和 2 号端子间电阻值

（5）更换氧传感器后试车，故障未再出现。半个月后进行电话回访，确认故障排除。

<table>
<tr><td rowspan="1">故障部位确认和排除</td><td>根据上述的所有检测结果，确定故障内容并注明：
1. 确定的故障
<table>
<tr><td>□ 元件损坏</td><td>名称：　　原因：</td></tr>
<tr><td>□ 线路故障</td><td>区间：　　原因：</td></tr>
<tr><td>□ 其他</td><td></td></tr>
</table>
2. 故障点的排除处理说明
<table>
<tr><td>□ 更换</td><td>□ 维修</td><td>□ 调整</td></tr>
</table>
【发动机】
维修后故障症状及代码检查，并填写结果

【空调系统】
维修后故障症状及代码检查，并填写结果

【车身系统】
维修后故障症状及代码检查，并填写结果</td></tr>
</table>

由于氧传感器的工作环境恶劣，高温、高压的工作环境影响了氧传感器的使用寿命，在日常维修中，氧传感器故障现象比较常见。

（三）收款交车

维修结束，填写“维修服务委托书”，待客户付款后交车。

二、评价与反馈

（一）顶岗实习目标达成度的自我检查

<table>
<tr><td rowspan="2">序号</td><td rowspan="2">顶岗实习目标</td><td colspan="3">顶岗实习目标达成情况（在相应的选项后打“✓”）</td></tr>
<tr><td>能</td><td>不能</td><td>不能的原因</td></tr>
<tr><td>1</td><td>故障码的读取</td><td></td><td></td><td></td></tr>
<tr><td>2</td><td>故障点的检测</td><td></td><td></td><td></td></tr>
</table>

续表

序号	顶岗实习目标	顶岗实习目标达成情况（在相应的选项后打“✓”）		
		能	不能	不能的原因
3	故障点的确认			
4	元件的更换或维修			
5	确认故障排除			

（二）日常性表现评价（由岗位组长或组内成员评价）

（1）工作页填写情况。（　　）

A．填写完整　　B．完成不到 20%

C．完成不到 50%　　D．完成 80%以上

（2）工作着装是否规范。（　　）

A．穿着工作服，佩戴工作牌　　B．工作服未穿或工作牌未佩戴

（3）主动参与工作现场 7S 工作情况。（　　）

A．积极主动参与　　B．在组长要求下能参与

C．在组长要求下参与效果不佳　　D．不愿意参与

（4）是否严格按照规范操作。（　　）

A．严格按照规范操作　　B．没有按照规范操作

（5）学习该任务是否全勤。（　　）

A．全勤　　B．缺勤 0～20%（有请假）

C．缺勤 20%以上　　D．缺勤 50%以上（旷工）

（6）总体评价该学徒。（　　）

A．非常优秀　　B．比较优秀

C．有待改进　　D．亟待改进

（三）师傅总体评价

对该学徒所在小组整体印象评价。（　　）

A．表现优秀，组内工作气氛好

B．组长能组织按照要求完成工作项目，1 个学徒不能达到顶岗实习目标

C．组内有 2 个学徒不能达到顶岗实习目标

D．组内有 3 个以上学徒不能达到顶岗实习目标

师傅签名______________　　________年 ________月 ________日

三、职业技能拓展

（1）根据故障检测与排除过程，完成下列表格填写，并完成一篇故障案例撰写。

故障名称			
车型		里程	
故障现象			
使用到的工量具及配件			
车辆预检情况			
故障分析		可能造成故障的原因	1. 2. 3. 4.
故障诊断			
故障排除			
反思小结			

（2）在组内口述分享故障排除体会，由其他学徒和企业师傅完成评价。

学习情景：	组员姓名							
日期：								
评价项目	Sp	Tp	Sp	Tp	Sp	Tp	Sp	Tp
结构和布局								
专业知识								
肢体语言姿态								
语言表达能力								

评价标准			
结构和布局	专业知识	肢体语言姿态	语言表达能力
-明晰 -引入目的性明确 -开头有概述 -过渡明确 -遵守时间规定 -结尾明显 -简要总结	-专业方面正确 -清晰回答问题 -解释专业表达	-自信 -开放性的登场 -与听众有交流 -表情、手势	-清晰明了 -抑扬顿挫 -速度、停顿

注：（1）等级 A～D：A=非常明显；B=相当明显；C=部分出现；D=涉及的能力完全没有出现。

（2）Sp=学徒评价；Tp=师傅评价。

项目三 汽车执行器的检测与维修

顶岗任务一　汽车喷油器故障的检测与维修

顶岗实习目标

※顶岗知识目标：1. 了解喷油器的作用、电路图和工作原理；

2. 了解喷油器的安装位置和基本检测方法。

※顶岗技能目标：1. 掌握喷油器故障的检测方法；

2. 在师傅的指导下，完成喷油器故障的排除；

3. 运用所学知识，分析喷油器的典型故障。

顶岗实习导图

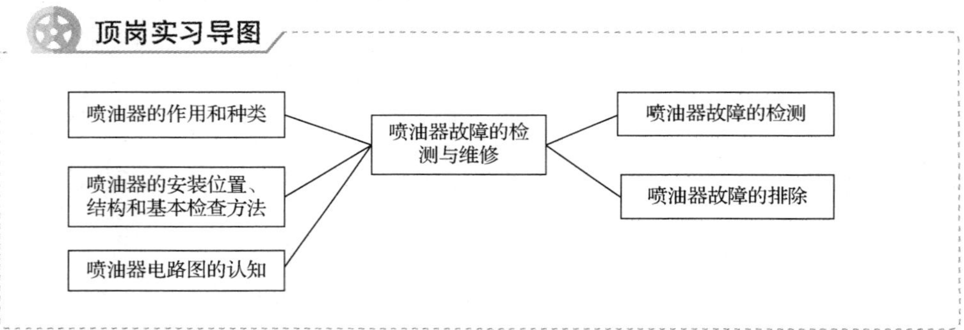

岗位任务描述

一辆 2016 款别克威朗 1.5L 轿车，搭载 L3G 发动机，累计行驶里程约为 5.5 万 km。车主反映，发动机加速无力，同时发动机故障灯常亮。经过维修人员初步排查，读取故障码后判断喷油器可能存在故障。

一、师徒实训操作

（一）接车预检

汽车维修接待的工作人员进行车辆的初步检查，并完成“接车检查单”的填写。

（二）检测诊断

1. 技术标准与要求

（1）学徒身份：维修接待人员，维修工作人员。
（2）参照相关维修手册，了解喷油器的安装位置和检测方法。
（3）检修喷油器及其电路时，要注意人身和设备安全。

2. 设备器材

序号	可能用到的设备
1	
2	
3	
4	
5	
6	
7	
8	
9	

3. 任务实施

维修工作人员根据维修接待人员所提交的“接车检查单”进行相关维护保养或故障修理，填写“车辆保养、维修记录档案”。

<table>
<tr><td colspan="9" align="center">车辆保养、维修记录档案</td></tr>
<tr><td colspan="9" align="center">车辆基本情况</td></tr>
<tr><td colspan="3">车辆牌号：</td><td colspan="2">车辆型号：</td><td colspan="4">购车时间：</td></tr>
<tr><td colspan="3">投保有效期：</td><td colspan="2">保险公司：</td><td colspan="4">保险金额：</td></tr>
<tr><td colspan="9" align="center">保养记录</td></tr>
<tr><td>序号</td><td>日期</td><td>行驶里程</td><td colspan="2">保养项目</td><td colspan="2">金额</td><td>经办人</td><td>备注</td></tr>
<tr><td>1</td><td></td><td></td><td colspan="2"></td><td colspan="2"></td><td></td><td></td></tr>
<tr><td>2</td><td></td><td></td><td colspan="2"></td><td colspan="2"></td><td></td><td></td></tr>
<tr><td>3</td><td></td><td></td><td colspan="2"></td><td colspan="2"></td><td></td><td></td></tr>
<tr><td colspan="9" align="center">维修记录</td></tr>
<tr><td>序号</td><td>日期</td><td>维修原因</td><td>维修项目</td><td>是否大修</td><td>送修里程</td><td>金额</td><td>经办人</td><td>备注</td></tr>
<tr><td>1</td><td></td><td></td><td></td><td></td><td></td><td></td><td></td><td></td></tr>
<tr><td>2</td><td></td><td></td><td></td><td></td><td></td><td></td><td></td><td></td></tr>
<tr><td>3</td><td></td><td></td><td></td><td></td><td></td><td></td><td></td><td></td></tr>
</table>

本任务操作步骤如下。

（1）接车后，首先确认客户所描述的发动机有抖动的故障现象。维修人员用故障诊断仪读取故障码，故障码显示为 P2147、P0261，经查阅手册为“气缸 1 喷油器高电平控制电路电压过高”与“气缸 1 喷油器控制电路电压过低”故障。

故障现象确认	确认故障症状并记录症状现象（根据不同故障范围，进行功能检测，并填写检测结果） 发动机故障灯 MIL　　□ 正常 □ 不正常 发动机启动及运转状况　　□ 正常 □ 不正常 其他（如果有） ________________

（2）利用解码仪读取相关数据流，“气缸 1 喷油器控制回路状态”故障如图 3-1-1 所示。

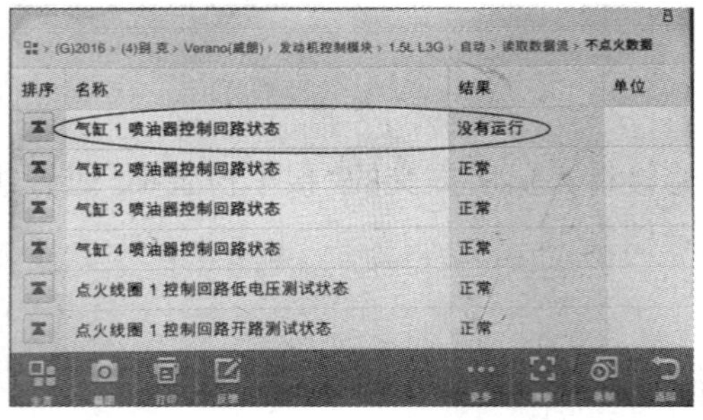

图 3-1-1　喷油器数据流

正确读取数据和清除故障码

1．填表并记录冻结帧（只记录故障码设定时的帧）

项目	数值	单位	判断
发动机转速		r/min	
发动机冷却液温度		℃	
空气质量流量传感器测得的进气量		g/s	
发动机负荷	%		
燃油箱内的剩余燃油	%		

与故障相关数据流记录

2．清除故障码

3．确认故障码是否再次出现，并填写结果

□ 无 DTC

□ 有 DTC：__________________

（3）查阅维修手册可知，ECM 为喷油器高电压电路上的每一个喷油器提供电压，为喷油器提供控制搭铁并监测喷油器电路，当电路出现故障时，喷油器将被停用。再查阅喷油器相关电路如图 3-1-2 可知，喷油器 1 号脚为控制搭铁，2 号脚为控制电源。

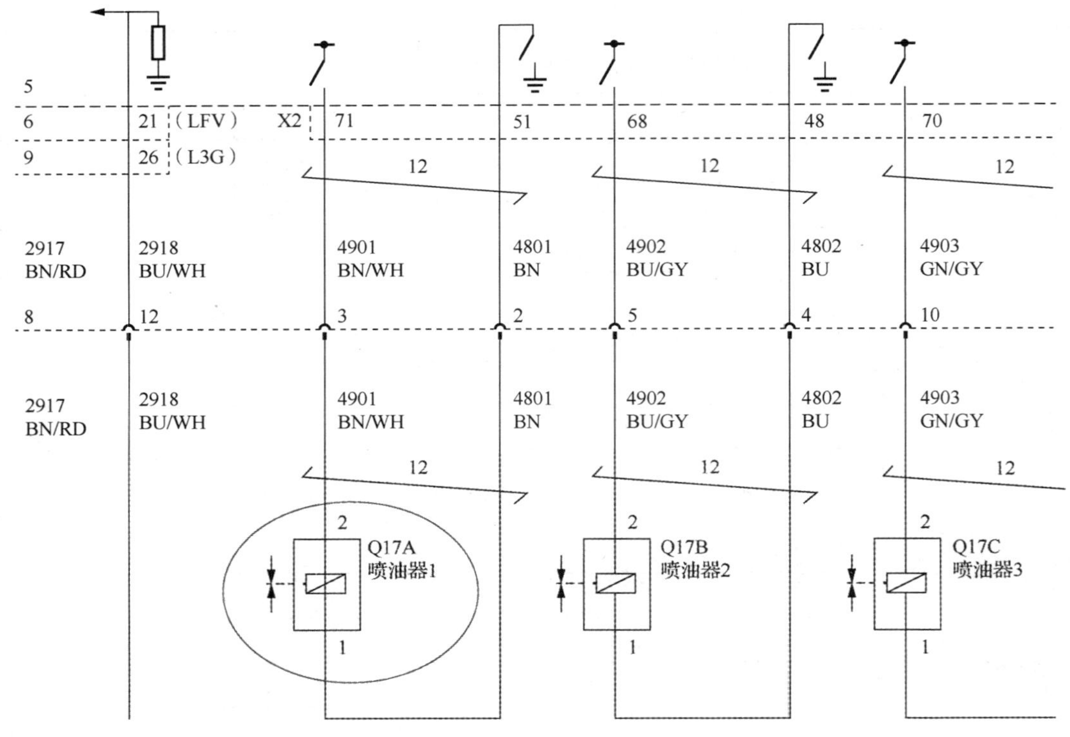

图 3-1-2　喷油器电路图

<table>
<tr><td rowspan="5">确定故障
范围</td><td colspan="3">根据上述检查进行判断并填写可能的故障范围</td></tr>
<tr><td></td><td>☐ 可能</td><td>☐ 不可能</td></tr>
<tr><td></td><td>☐ 可能</td><td>☐ 不可能</td></tr>
<tr><td></td><td>☐ 可能</td><td>☐ 不可能</td></tr>
<tr><td></td><td>☐ 可能</td><td>☐ 不可能</td></tr>
</table>

（4）断开喷油器 1，用试灯连接母头 1 号端子与 2 号端子，尝试启动发动机，试灯闪烁，说明线路与 ECM 连接正常，测试喷油器 1 电阻值为无穷大，由此可知为喷油器故障，如图 3-1-3 所示。

图 3-1-3　喷油器 1 电阻值测量

<table>
<tr><td rowspan="5">电路测量</td><td colspan="4">对被怀疑的线路进行测量，注明插件代码和编号、控制单元端子代号以及测量结果</td></tr>
<tr><td>线路范围</td><td>测量结果</td><td colspan="2">检查或测试后的判断结果</td></tr>
<tr><td></td><td></td><td>□ 正常</td><td>□ 不正常</td></tr>
<tr><td></td><td></td><td>□ 正常</td><td>□ 不正常</td></tr>
<tr><td></td><td></td><td>□ 正常</td><td>□ 不正常</td></tr>
</table>

（5）更换喷油器后试车，故障未再出现。半个月后进行电话回访，确认故障排除。

<table>
<tr><td>故障部位确认和排除</td><td>根据上述的所有检测结果，确定故障内容并注明：
1．确定的故障
<table><tr><td>□ 元件损坏</td><td>名称：　　原因：</td></tr><tr><td>□ 线路故障</td><td>区间：　　原因：</td></tr><tr><td>□ 其他</td><td></td></tr></table>
2．故障点的排除处理说明
<table><tr><td>□ 更换</td><td>□ 维修</td><td>□ 调整</td></tr></table>
【发动机】
维修后故障症状及代码检查，并填写结果

【空调系统】
维修后故障症状及代码检查，并填写结果

【车身系统】
维修后故障症状及代码检查，并填写结果</td></tr>
</table>

喷油器出现故障可能是由于油品中的颗粒比较大而造成喷油器堵塞，或喷油器内部组件阀杆出现磨损严重，更换喷油器后故障排除。

（三）收款交车

维修结束，填写“维修服务委托书”，待客户付款后交车。

二、评价与反馈

（一）顶岗实习目标达成度的自我检查

序号	顶岗实习目标	顶岗实习目标达成情况（在相应的选项后打“✓”）		
		能	不能	不能的原因
1	故障码的读取			
2	故障点的检测			
3	故障点的确认			
4	元件的更换或维修			
5	确认故障排除			

（二）日常性表现评价（由岗位组长或组内成员评价）

（1）工作页填写情况。（　　）

A．填写完整　　B．完成不到20%

C．完成不到50%　　D．完成80%以上

（2）工作着装是否规范。（　　）

A．穿着工作服，佩戴工作牌　　B．工作服未穿或工作牌未佩戴

（3）主动参与工作现场7S工作情况。（　　）

A．积极主动参与　　B．在组长要求下能参与

C．在组长要求下参与效果不佳　　D．不愿意参与

（4）是否严格按照规范操作。（　　）

A．严格按照规范操作　　B．没有按照规范操作

（5）学习该任务是否全勤。（　　）

A．全勤　　B．缺勤0～20%（有请假）

C．缺勤20%以上　　D．缺勤50%以上（旷工）

（6）总体评价该学徒。（　　）

A．非常优秀　　B．比较优秀

C．有待改进　　D．亟待改进

（三）师傅总体评价

对该学徒所在小组整体印象评价。（　　）

A．表现优秀，组内工作气氛好

B．组长能组织按照要求完成工作项目，1个学徒不能达到顶岗实习目标

C．组内有2个学徒不能达到顶岗实习目标

D．组内有3个以上学徒不能达到顶岗实习目标

师傅签名______________　　________年　________月　________日

三、职业技能拓展

（1）根据故障检测与排除过程，完成下列表格填写，并完成一篇故障案例撰写。

<table>
<tr><td>故障名称</td><td colspan="4"></td></tr>
<tr><td>车型</td><td></td><td>里程</td><td colspan="2"></td></tr>
<tr><td>故障现象</td><td colspan="4"></td></tr>
<tr><td>使用到的工量具及配件</td><td colspan="4"></td></tr>
<tr><td>车辆预检情况</td><td colspan="4"></td></tr>
<tr><td>故障分析</td><td></td><td>可能造成故障的原因</td><td colspan="2">1.
2.
3.
4.</td></tr>
<tr><td>故障诊断</td><td colspan="4"></td></tr>
<tr><td>故障排除</td><td colspan="4"></td></tr>
<tr><td>反思小结</td><td colspan="4"></td></tr>
</table>

（2）在组内口述分享故障排除体会，由其他学徒和企业师傅完成评价。

学习情景：	组员姓名							
日期：								
评价项目	Sp	Tp	Sp	Tp	Sp	Tp	Sp	Tp
结构和布局								
专业知识								
肢体语言姿态								
语言表达能力								

评价标准			
结构和布局	专业知识	肢体语言姿态	语言表达能力
-明晰 -引入目的性明确 -开头有概述 -过渡明确 -遵守时间规定 -结尾明显 -简要总结	-专业方面正确 -清晰回答问题 -解释专业表达	-自信 -开放性的登场 -与听众有交流 -表情、手势	-清晰明了 -抑扬顿挫 -速度、停顿

注：（1）等级 A～D：A=非常明显；B=相当明显；C=部分出现；D=涉及的能力完全没有出现。

（2）Sp=学徒评价；Tp=师傅评价。

顶岗任务二　汽车火花塞故障的检测与维修

顶岗实习目标

※顶岗知识目标：1. 了解火花塞的作用、电路图和工作原理；

2. 了解火花塞的安装位置和基本检测方法。

※顶岗技能目标：1. 掌握火花塞故障的检测方法；

2. 在师傅的指导下，完成火花塞故障的排除；

3. 运用所学知识，分析火花塞的典型故障。

顶岗实习导图

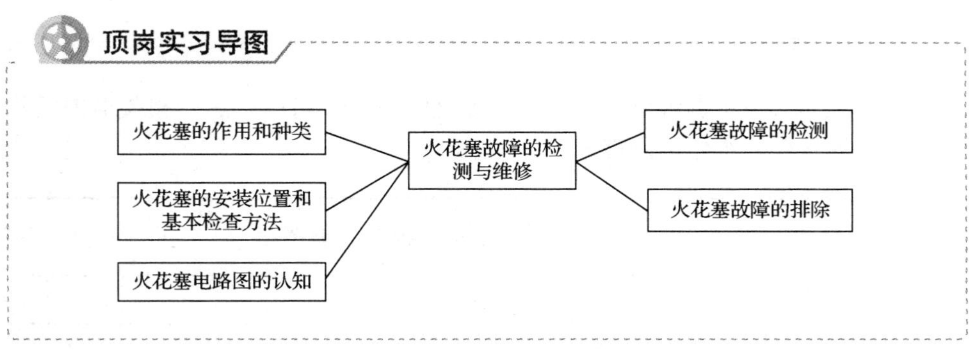

岗位任务描述

一辆 2016 款别克威朗 1.5L 轿车，搭载 L3G 发动机，累计行驶里程约为 5.5 万 km。车主反映，车辆抖动严重，动力下降。维修人员经过排查，确认线路无问题，怀疑火花塞损坏。

一、师徒实训操作

（一）接车预检

汽车维修接待的工作人员进行车辆的初步检查，并完成“接车检查单”的填写。

（二）检测诊断

1. 技术标准与要求

（1）学徒身份：维修接待人员，维修工作人员。
（2）参照相关维修手册，要求了解火花塞的安装位置和检测方法。
（3）拆装火花塞、点火线圈时，要注意人身和设备安全。

2. 设备器材

序号	可能用到的设备
1	
2	
3	
4	
5	

3. 任务实施

维修工作人员根据维修接待人员所提交的“接车检查单”进行相关维护保养或故障修理，填写“车辆保养、维修记录档案”。

<table>
<tr><th colspan="10">车辆保养、维修记录档案</th></tr>
<tr><td colspan="10">车辆基本情况</td></tr>
<tr><td colspan="3">车辆牌号：</td><td colspan="2">车辆型号：</td><td colspan="5">购车时间：</td></tr>
<tr><td colspan="3">投保有效期：</td><td colspan="2">保险公司：</td><td colspan="5">保险金额：</td></tr>
<tr><td colspan="10">保养记录</td></tr>
<tr><td>序号</td><td>日期</td><td>行驶里程</td><td colspan="2">保养项目</td><td colspan="2">金额</td><td colspan="2">经办人</td><td>备注</td></tr>
<tr><td>1</td><td></td><td></td><td colspan="2"></td><td colspan="2"></td><td colspan="2"></td><td></td></tr>
<tr><td>2</td><td></td><td></td><td colspan="2"></td><td colspan="2"></td><td colspan="2"></td><td></td></tr>
<tr><td>3</td><td></td><td></td><td colspan="2"></td><td colspan="2"></td><td colspan="2"></td><td></td></tr>
<tr><td colspan="10">维修记录</td></tr>
<tr><td>序号</td><td>日期</td><td>维修原因</td><td>维修项目</td><td>是否
大修</td><td>送修里程</td><td>金额</td><td colspan="2">经办人</td><td>备注</td></tr>
<tr><td>1</td><td></td><td></td><td></td><td></td><td></td><td></td><td colspan="2"></td><td></td></tr>
<tr><td>2</td><td></td><td></td><td></td><td></td><td></td><td></td><td colspan="2"></td><td></td></tr>
<tr><td>3</td><td></td><td></td><td></td><td></td><td></td><td></td><td colspan="2"></td><td></td></tr>
</table>

本任务操作步骤如下。

（1）接车后，首先确认客户所描述的故障现象。维修工作人员用故障诊断仪去读取故障码，故障码未显示，但通过现象感知为有规律抖动，此现象为发动机缺缸未点火故障引起。

<table>
<tr><td>故障现象
确认</td><td>确认故障症状并记录症状现象（根据不同故障范围，进行功能检测，并填写检测结果）
发动机故障灯 MIL　　□ 正常　□ 不正常
发动机启动及运转状况　　□ 正常　□ 不正常
其他（如果有）
______________________</td></tr>
</table>

（2）利用解码仪读取相关缺缸的数据流，发现“气缸 1 当前缺火计数器”为 140，如图 3-2-1 所示。

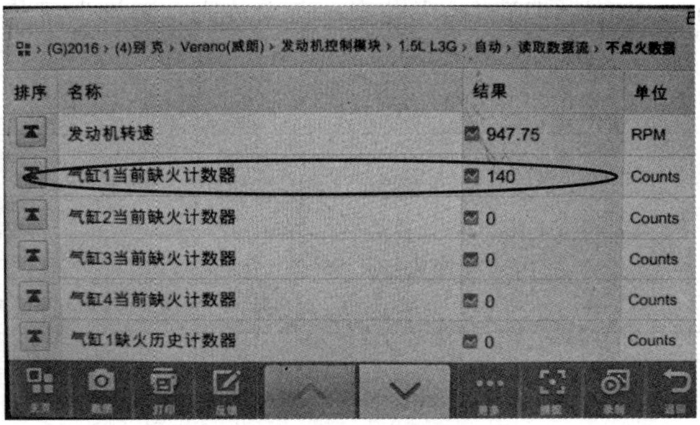

图 3-2-1 火花塞相关数据流

正确读取数据和清除故障码

1．填表并记录冻结帧（只记录故障码设定时的帧）

项目	数值	单位	判断
发动机转速		r/min	
发动机冷却液温度		℃	
空气质量流量传感器测得的进气量		g/s	
发动机负荷	%		
燃油箱内的剩余燃油	%		

与故障相关数据流记录

2．清除故障码

3．确认故障码是否再次出现，并填写结果

☐ 无 DTC

☐ 有 DTC：________________

（3）查阅手册可知，此故障可能由火花塞、点火线圈、喷油器及相关线路造成的。

确定故障范围	根据上述检查进行判断并填写可能故障范围		
		□ 可能	□ 不可能
		□ 可能	□ 不可能
		□ 可能	□ 不可能
		□ 可能	□ 不可能

（4）拆下气缸 1 与气缸 2 点火线圈并互换，读取数据流，显示“气缸 1 当前缺火计数器”结果未改变。排除点火线圈及相关电路故障，尝试更换气缸 1 与气缸 2 火花塞，读取数据流，发现气缸 1 当前缺火计数器结果正常，气缸 2 当前缺火计数器结果为 120，如图 3-2-2 所示，结果不正常，表明气缸 1 火花塞损坏。

(G)2016 › (4)别克 › Verano(威朗) › 发动机控制模块 › 1.5L L3G › 自动 › 读取数据流 › 不点火数据

排序	名称	结果	单位
	发动机转速	883.25	RPM
	气缸1当前缺火计数器	0	Counts
	气缸2当前缺火计数器	120	Counts
	气缸3当前缺火计数器	0	Counts
	气缸4当前缺火计数器	0	Counts
	气缸1缺火历史计数器	0	Counts

图 3-2-2 火花塞相关数据流

电路测量	对被怀疑的线路进行测量，注明插件代码和编号、控制单元端子代号以及测量结果：			
	线路范围	测量结果	检查或测试后的判断结果	
			□ 正常	□ 不正常
			□ 正常	□ 不正常
			□ 正常	□ 不正常

（5）拆下所有 4 个气缸的火花塞，发现气缸 1 火花塞间隙变大，表明气缸 1 火花塞损坏，如图 3-2-3 所示。更换气缸 1 火花塞后试车，故障未再出现，发动机运行正常。半个月后进行电话回访，确认故障排除。

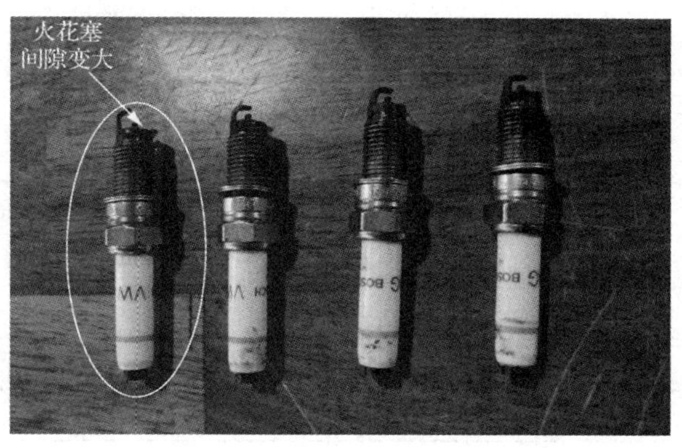

图 3-2-3　4 个气缸火花塞对比

<table>
<tr>
<td>故障部位确认和排除</td>
<td>
根据上述的所有检测结果，确定故障内容并注明：
1．确定的故障
<table>
<tr><td>□ 元件损坏</td><td>名称：　　　　　原因：</td></tr>
<tr><td>□ 线路故障</td><td>区间：　　　　　原因：</td></tr>
<tr><td>□ 其他</td><td></td></tr>
</table>
2．故障点的排除处理说明
<table>
<tr><td>□ 更换</td><td>□ 维修</td><td>□ 调整</td></tr>
</table>
【发动机】
维修后故障症状及代码检查，并填写结果

【空调系统】
维修后故障症状及代码检查，并填写结果

【车身系统】
维修后故障症状及代码检查，并填写结果
</td>
</tr>
</table>

火花塞损坏通常是由于火花塞使用时间长而导致火花塞电极间隙过大，或由于火花塞电极出现积碳等原因造成的，更换火花塞后故障可排除。

（三）收款交车

维修结束，填写“维修服务委托书”，待客户付款后交车。

二、评价与反馈

（一）顶岗实习目标达成度的自我检查

序号	顶岗实习目标	顶岗实习目标达成情况（在相应的选项后打“✓”）		
		能	不能	不能的原因
1	故障码的读取			
2	故障点的检测			
3	故障点的确认			
4	元件的更换或维修			
5	确认故障排除			

（二）日常性表现评价（由岗位组长或组内成员评价）

（1）工作页填写情况。（　　）

A．填写完整　　B．完成不到 20%

C．完成不到 50%　　D．完成 80%以上

（2）工作着装是否规范。（　　）

A．穿着工作服，佩戴工作牌　　B．工作服未穿或工作牌未佩戴

（3）主动参与工作现场 7S 工作情况。（　　）

A．积极主动参与　　B．在组长要求下能参与

C．在组长要求下参与效果不佳　　D．不愿意参与

（4）是否严格按照规范操作。（　　）

A．严格按照规范操作　　B．没有按照规范操作

（5）学习该任务是否全勤。（　　）

A．全勤　　B．缺勤 0～20%（有请假）

C．缺勤 20%以上　　D．缺勤 50%以上（旷工）

（6）总体评价该学徒。（　　）

A．非常优秀　　B．比较优秀

C．有待改进　　D．亟待改进

（三）师傅总体评价

对该学徒所在小组整体印象评价。（　　）

A．表现优秀，组内工作气氛好

B．组长能组织按照要求完成工作项目，1 个学徒不能达到顶岗实习目标

C．组内有 2 个学徒不能达到顶岗实习目标

D．组内有 3 个以上学徒不能达到顶岗实习目标

师傅签名＿＿＿＿＿＿＿　　＿＿＿＿年 ＿＿＿＿月 ＿＿＿＿日

三、职业技能拓展

（1）根据故障检测与排除过程，完成下列表格填写，并完成一篇故障案例撰写。

<table>
<tr><td>故障名称</td><td colspan="4"></td></tr>
<tr><td>车型</td><td></td><td>里程</td><td colspan="2"></td></tr>
<tr><td>故障现象</td><td colspan="4"></td></tr>
<tr><td>使用到的工量具及配件</td><td colspan="4"></td></tr>
<tr><td>车辆预检情况</td><td colspan="4"></td></tr>
<tr><td>故障分析</td><td></td><td>可能造成故障的原因</td><td colspan="2">1.
2.
3.
4.</td></tr>
<tr><td>故障诊断</td><td colspan="4"></td></tr>
<tr><td>故障排除</td><td colspan="4"></td></tr>
<tr><td>反思小结</td><td colspan="4"></td></tr>
</table>

（2）在组内口述分享故障排除体会，由其他学徒和企业师傅完成评价。

<table>
<tr><td>学习情景：</td><td colspan="8">组员姓名</td></tr>
<tr><td>日期：</td><td colspan="2"></td><td colspan="2"></td><td colspan="2"></td><td colspan="2"></td></tr>
<tr><td>评价项目</td><td>Sp</td><td>Tp</td><td>Sp</td><td>Tp</td><td>Sp</td><td>Tp</td><td>Sp</td><td>Tp</td></tr>
<tr><td>结构和布局</td><td></td><td></td><td></td><td></td><td></td><td></td><td></td><td></td></tr>
<tr><td>专业知识</td><td></td><td></td><td></td><td></td><td></td><td></td><td></td><td></td></tr>
<tr><td>肢体语言姿态</td><td></td><td></td><td></td><td></td><td></td><td></td><td></td><td></td></tr>
<tr><td>语言表达能力</td><td></td><td></td><td></td><td></td><td></td><td></td><td></td><td></td></tr>
</table>

评价标准			
结构和布局	专业知识	肢体语言姿态	语言表达能力
-明晰 -引入目的性明确 -开头有概述 -过渡明确 -遵守时间规定 -结尾明显 -简要总结	-专业方面正确 -清晰回答问题 -解释专业表达	-自信 -开放性的登场 -与听众有交流 -表情、手势	-清晰明了 -抑扬顿挫 -速度、停顿

注：（1）等级 A～D：A=非常明显；B=相当明显；C=部分出现；D=涉及的能力完全没有出现。

（2）Sp=学徒评价；Tp=师傅评价。

顶岗任务三　汽车节气门故障的检测与维修

顶岗实习目标

※顶岗知识目标： 1. 了解节气门的作用、电路图和工作原理；

2. 了解节气门的安装位置和基本检测方法。

※顶岗技能目标： 1. 掌握节气门故障的检测方法；

2. 在师傅的指导下，完成节气门故障的排除；

3. 运用所学知识，分析节气门故障的典型故障。

顶岗实习导图

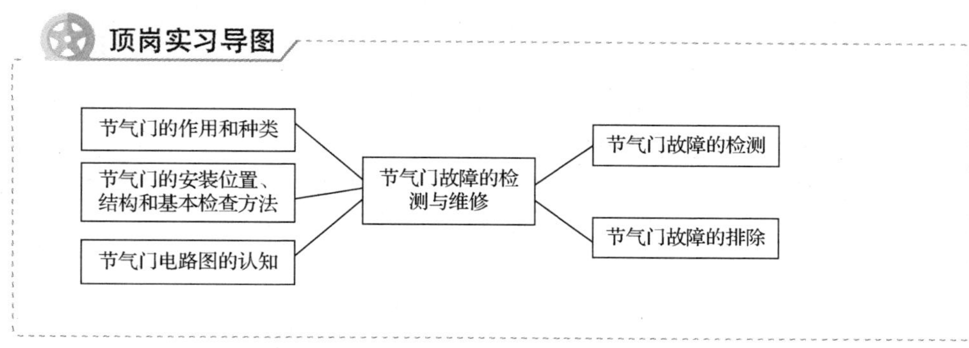

岗位任务描述

一辆 2016 款别克威朗 1.5L 轿车，搭载 L3G 发动机，累计行驶里程约为 5.5 万 km。车主反映，发动机加速无力。经过维修人员初步排查，读取故障码后判断节气门可能存在故障。

一、师徒实训操作

（一）接车预检

汽车维修接待的工作人员进行车辆的初步检查，并完成“接车检查单”的填写。

（二）检测诊断

1. 技术标准与要求

（1）学徒身份：维修接待人员，维修工作人员。
（2）参照相关维修手册要求了解节气门的安装位置和检测方法。
（3）检修节气门及其电路时，要注意人身和设备安全。

2. 设备器材

序号	可能用到的设备
1	
2	
3	
4	
5	

3. 任务实施

维修工作人员根据维修接待人员所提交的“接车检查单”进行相关维护保养或故障修理，填写“车辆保养、维修记录档案”。

<table>
<tr><th colspan="9">车辆保养、维修记录档案</th></tr>
<tr><td colspan="9">车辆基本情况</td></tr>
<tr><td colspan="3">车辆牌号：</td><td colspan="2">车辆型号：</td><td colspan="4">购车时间：</td></tr>
<tr><td colspan="3">投保有效期：</td><td colspan="2">保险公司：</td><td colspan="4">保险金额：</td></tr>
<tr><td colspan="9">保养记录</td></tr>
<tr><td>序号</td><td>日期</td><td>行驶里程</td><td colspan="2">保养项目</td><td>金额</td><td>经办人</td><td colspan="2">备注</td></tr>
<tr><td>1</td><td></td><td></td><td colspan="2"></td><td></td><td></td><td colspan="2"></td></tr>
<tr><td>2</td><td></td><td></td><td colspan="2"></td><td></td><td></td><td colspan="2"></td></tr>
<tr><td>3</td><td></td><td></td><td colspan="2"></td><td></td><td></td><td colspan="2"></td></tr>
<tr><td colspan="9">维修记录</td></tr>
<tr><td>序号</td><td>日期</td><td>维修原因</td><td>维修项目</td><td>是否大修</td><td>送修里程</td><td>金额</td><td>经办人</td><td>备注</td></tr>
<tr><td>1</td><td></td><td></td><td></td><td></td><td></td><td></td><td></td><td></td></tr>
<tr><td>2</td><td></td><td></td><td></td><td></td><td></td><td></td><td></td><td></td></tr>
<tr><td>3</td><td></td><td></td><td></td><td></td><td></td><td></td><td></td><td></td></tr>
</table>

本任务操作步骤如下。

（1）接车后，首先确认客户所描述的故障现象（踩下油门踏板时无反应，出现动力不足现象）。维修人员用故障诊断仪去读取故障码，故障码显示为 P2101，经查阅手册，该故障的指向为节气门执行器位置性能故障。

<table>
<tr><td>故障现象
确认</td><td>确认故障症状并记录症状现象（根据不同故障范围，进行功能检测，并填写检测结果）
发动机故障灯 MIL　　□ 正常 □ 不正常
发动机启动及运转状况　　□ 正常 □ 不正常
其他（如果有）
________________________</td></tr>
</table>

（2）利用解码仪读取相关数据流，启动踩下油门踏板后节气门位置（指节气门开度）约为 30%并无法改变，如图 3-3-1 所示。

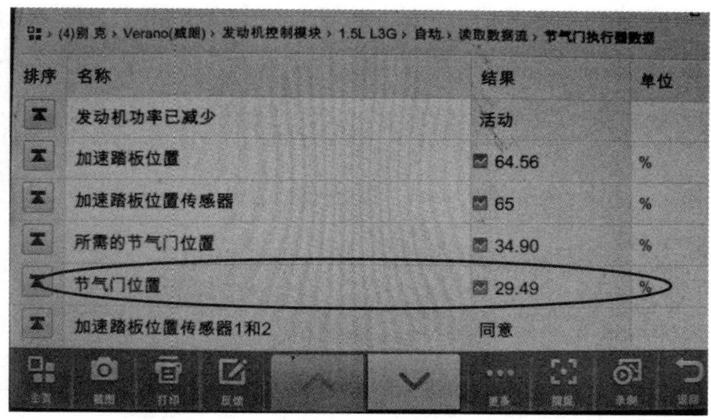

图 3-3-1　节气门相关数据流

正确读取数据和清除故障码

1．填表并记录冻结帧（只记录故障码设定时的帧）

项目	数值	单位	判断
发动机转速		r/min	
发动机冷却液温度		℃	
空气质量流量传感器测得的进气量		g/s	
发动机负荷	%		
燃油箱内的剩余燃油	%		

与故障相关数据流记录

2．清除故障码

3．确认故障码是否再次出现，并填写结果

□ 无 DTC

□ 有 DTC：________________

（3）查阅维修手册可知，此电机由油门踏板将信号传至 ECM 再控制节气门开度；另可知，故障码 P2101 由节气门性能问题产出。接着查阅有关节气门相关电路如图 3-3-2 所示，可知节气门控制线路为 H 桥控制线路，并自带检测电压。

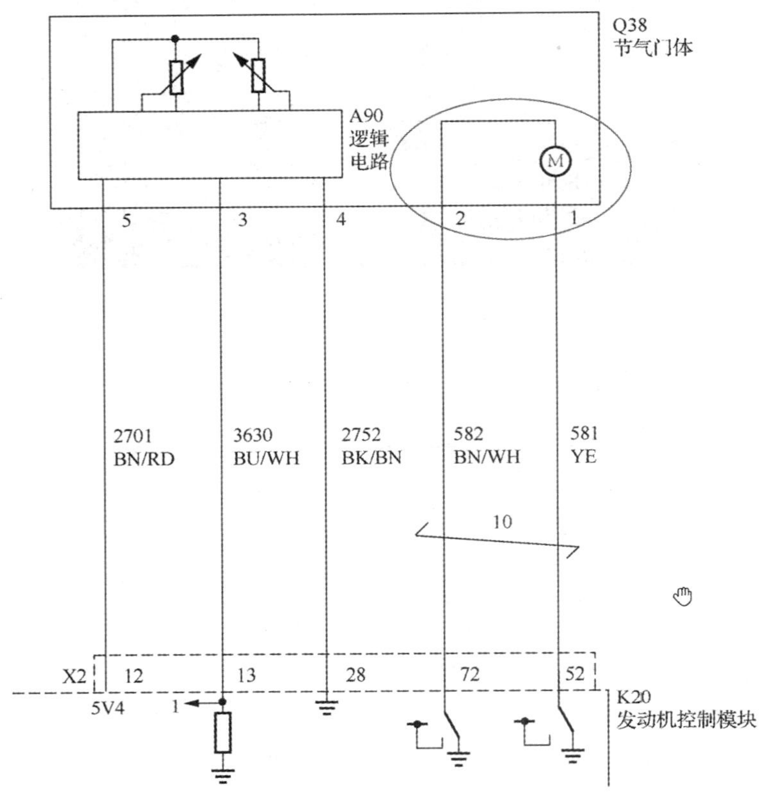

图 3-3-2　节气门电路图

<table>
<tr><td rowspan="5">确定故障范围</td><td colspan="3">根据上述检查进行判断并填写可能故障范围</td></tr>
<tr><td></td><td>□ 可能</td><td>□ 不可能</td></tr>
<tr><td></td><td>□ 可能</td><td>□ 不可能</td></tr>
<tr><td></td><td>□ 可能</td><td>□ 不可能</td></tr>
<tr><td></td><td>□ 可能</td><td>□ 不可能</td></tr>
</table>

（4）断开节气门连接口，打开电源测得 1 号脚线路电压约为 6V，测得 2 号脚电压也约为 6V，说明线路正常。用万用表直流电压挡的 max 挡与 min 挡测 ECM 电压，踩下油门踏板时，确认万用表测得的最高值与最低值相差 2.3V，说明 ECM 正常。欲拆下节气门时发现推不动节气门，可见到节气门拉线移位，如图 3-3-3 所示，由此可知为节气门故障。

图 3-3-3 节气门拉线移位

<table>
<tr><td rowspan="5">电路测量</td><td colspan="4">对被怀疑的线路进行测量，注明插件代码和编号、控制单元端子代号以及测量结果：</td></tr>
<tr><td>线路范围</td><td>测量结果</td><td colspan="2">检查或测试后的判断结果</td></tr>
<tr><td></td><td></td><td>□ 正常</td><td>□ 不正常</td></tr>
<tr><td></td><td></td><td>□ 正常</td><td>□ 不正常</td></tr>
<tr><td></td><td></td><td>□ 正常</td><td>□ 不正常</td></tr>
</table>

（5）更换节气门后试车，故障未再出现。半个月后进行电话回访，确认故障排除。

<table>
<tr><td rowspan="12">故障部位确认和排除</td><td colspan="3">根据上述的所有检测结果，确定故障内容并注明：
1．确定的故障</td></tr>
<tr><td>□ 元件损坏</td><td colspan="2">名称：　　原因：</td></tr>
<tr><td>□ 线路故障</td><td colspan="2">区间：　　原因：</td></tr>
<tr><td>□ 其他</td><td colspan="2"></td></tr>
<tr><td colspan="3">2．故障点的排除处理说明</td></tr>
<tr><td>□ 更换</td><td>□ 维修</td><td>□ 调整</td></tr>
<tr><td colspan="3">【发动机】
维修后故障症状及代码检查，并填写结果</td></tr>
<tr><td colspan="3">【空调系统】
维修后故障症状及代码检查，并填写结果</td></tr>
<tr><td colspan="3">【车身系统】
维修后故障症状及代码检查，并填写结果</td></tr>
</table>

节气门出现故障可能是内部电刷板损坏、节气门卡滞及节气门拉线损坏引起的，更换节气门后故障可排除。

（三）收款交车

维修结束，填写“维修服务委托书”，待客户付款后交车。

二、评价与反馈

（一）顶岗实习目标达成度的自我检查

序号	顶岗实习目标	顶岗实习目标达成情况（在相应的选项后打“✓”）		
		能	不能	不能的原因
1	故障码的读取			
2	故障点的检测			
3	故障点的确认			
4	元件的更换或维修			
5	确认故障排除			

（二）日常性表现评价（由岗位组长或组内成员评价）

（1）工作页填写情况。（　　）

A．填写完整　　B．完成不到 20%

C．完成不到 50%　　D．完成 80%以上

（2）工作着装是否规范。（　　）

A．穿着工作服，佩戴工作牌　　B．工作服未穿或工作牌未佩戴

（3）主动参与工作现场 7S 工作情况。（　　）

A．积极主动参与　　B．在组长要求下能参与

C．在组长要求下参与效果不佳　　D．不愿意参与

（4）是否严格按照规范操作。（　　）

A．严格按照规范操作　　B．没有按照规范操作

（5）学习该任务是否全勤。（　　）

A．全勤　　B．缺勤 0～20%（有请假）

C．缺勤 20%以上　　D．缺勤 50%以上（旷工）

（6）总体评价该学徒。（　　）

A．非常优秀　　B．比较优秀

C．有待改进　　D．亟待改进

（三）师傅总体评价

对该学徒所在小组整体印象评价。（　　）

A．表现优秀，组内工作气氛好

B. 组长能组织按照要求完成工作项目，1 个学徒不能达到顶岗实习目标

C. 组内有 2 个学徒不能达到顶岗实习目标

D. 组内有 3 个以上学徒不能达到顶岗实习目标

师傅签名＿＿＿＿＿＿＿　　　　＿＿＿＿年　＿＿＿＿月　＿＿＿＿日

三、职业技能拓展

（1）根据故障检测与排除过程，完成下列表格填写，并完成一篇故障案例撰写。

<table>
<tr><td>故障名称</td><td colspan="3"></td></tr>
<tr><td>车型</td><td></td><td>里程</td><td></td></tr>
<tr><td>故障现象</td><td colspan="3"></td></tr>
<tr><td>使用到的工量具及配件</td><td colspan="3"></td></tr>
<tr><td>车辆预检情况</td><td colspan="3"></td></tr>
<tr><td>故障分析</td><td></td><td>可能造成故障的原因</td><td>1.
2.
3.
4.</td></tr>
<tr><td>故障诊断</td><td colspan="3"></td></tr>
<tr><td>故障排除</td><td colspan="3"></td></tr>
<tr><td>反思小结</td><td colspan="3"></td></tr>
</table>

（2）在组内口述分享故障排除体会，由其他学徒和企业师傅完成评价。

<table>
<tr><td colspan="4">学习情景：</td><td colspan="8">组员姓名</td></tr>
<tr><td colspan="4">日期：</td><td colspan="2"></td><td colspan="2"></td><td colspan="2"></td><td colspan="2"></td></tr>
<tr><td colspan="4">评价项目</td><td>Sp</td><td>Tp</td><td>Sp</td><td>Tp</td><td>Sp</td><td>Tp</td><td>Sp</td><td>Tp</td></tr>
<tr><td colspan="4">结构和布局</td><td></td><td></td><td></td><td></td><td></td><td></td><td></td><td></td></tr>
<tr><td colspan="4">专业知识</td><td></td><td></td><td></td><td></td><td></td><td></td><td></td><td></td></tr>
<tr><td colspan="4">肢体语言姿态</td><td></td><td></td><td></td><td></td><td></td><td></td><td></td><td></td></tr>
<tr><td colspan="4">语言表达能力</td><td></td><td></td><td></td><td></td><td></td><td></td><td></td><td></td></tr>
<tr><td colspan="12">评价标准</td></tr>
<tr><td colspan="3">结构和布局</td><td colspan="3">专业知识</td><td colspan="3">肢体语言姿态</td><td colspan="3">语言表达能力</td></tr>
<tr><td colspan="3">-明晰
-引入目的性明确
-开头有概述
-过渡明确
-遵守时间规定
-结尾明显
-简要总结</td><td colspan="3">-专业方面正确
-清晰回答问题
-解释专业表达</td><td colspan="3">-自信
-开放性的登场
-与听众有交流
-表情、手势</td><td colspan="3">-清晰明了
-抑扬顿挫
-速度、停顿</td></tr>
</table>

注：（1）等级A～D：A=非常明显；B=相当明显；C=部分出现；D=涉及的能力完全没有出现。

（2）Sp=学徒评价；Tp=师傅评价。

项目四 汽车灯光系统的检测与维修

顶岗任务一 汽车日间行车灯故障的检测与维修

顶岗实习目标

※顶岗知识目标：1. 了解日间行车灯的作用、电路图和工作原理；

2. 了解日间行车灯的安装位置和基本检测方法。

※顶岗技能目标：1. 掌握日间行车灯故障的检测方法；

2. 在师傅的指导下，完成日间行车灯故障的排除；

3. 运用所学知识，分析日间行车灯的典型故障。

顶岗实习导图

日间行车灯的作用和种类

日间行车灯的安装位置和基本检查方法

日间行车灯电路图的认知

日间行车灯故障的检测与维修

日间行车灯故障的检测

日间行车灯故障的排除

岗位任务描述

一辆 2017 年产别克威朗车，行驶里程约为 2.3 万 km，据驾驶人反映，该车因车辆日间行车灯无法点亮而进店维修。

一、师徒实训操作

（一）接车预检

汽车维修接待的工作人员进行车辆的初步检查，并完成“接车检查单”的填写。

（二）检测诊断

1. 技术标准与要求

（1）学徒身份：维修接待人员，维修工作人员。
（2）参照相关维修手册，要求了解日间行车灯的安装位置和检测方法。
（3）拆装日间行车灯时，要注意人身和设备安全。

2. 设备器材

序号	可能用到的设备
1	
2	
3	
4	
5	
6	
7	
8	
9	

3. 任务实施

维修工作人员根据维修接待人员所提交的“接车检查单”进行相关维护保养或故障修理，填写“车辆保养、维修记录档案”。

<table>
<tr><th colspan="9">车辆保养、维修记录档案</th></tr>
<tr><td colspan="9">车辆基本情况</td></tr>
<tr><td colspan="3">车辆牌号：</td><td colspan="2">车辆型号：</td><td colspan="4">购车时间：</td></tr>
<tr><td colspan="3">投保有效期：</td><td colspan="2">保险公司：</td><td colspan="4">保险金额：</td></tr>
<tr><td colspan="9">保养记录</td></tr>
<tr><td>序号</td><td>日期</td><td>行驶里程</td><td colspan="2">保养项目</td><td>金额</td><td>经办人</td><td colspan="2">备注</td></tr>
<tr><td>1</td><td></td><td></td><td colspan="2"></td><td></td><td></td><td colspan="2"></td></tr>
<tr><td>2</td><td></td><td></td><td colspan="2"></td><td></td><td></td><td colspan="2"></td></tr>
<tr><td>3</td><td></td><td></td><td colspan="2"></td><td></td><td></td><td colspan="2"></td></tr>
<tr><td colspan="9">维修记录</td></tr>
<tr><td>序号</td><td>日期</td><td>维修原因</td><td>维修项目</td><td>是否大修</td><td>送修里程</td><td>金额</td><td>经办人</td><td>备注</td></tr>
<tr><td>1</td><td></td><td></td><td></td><td></td><td></td><td></td><td></td><td></td></tr>
<tr><td>2</td><td></td><td></td><td></td><td></td><td></td><td></td><td></td><td></td></tr>
<tr><td>3</td><td></td><td></td><td></td><td></td><td></td><td></td><td></td><td></td></tr>
</table>

本任务操作步骤如下。

（1）接车后，根据客户描述的故障现象，维修工作人员对故障进行确认。车辆通电，打开日间行车灯开关，灯光无法点亮，确认故障存在。

（2）连接故障诊断仪，读取控制模块内故障码，发现有故障码 B260B 存在，如图 4-1-1 所示。

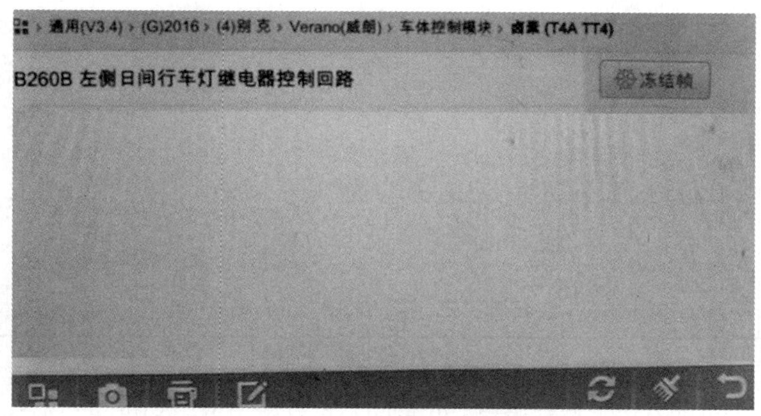

图 4-1-1　日间行车灯故障码

（3）读取与故障相关的数据流。

正确读取数据和清除故障码

1．填表并记录冻结帧（只记录故障码设定时的帧）

项目	数值	单位	判断
发动机转速		r/min	
发动机冷却液温度		℃	
空气质量流量传感器测得的进气量		g/s	
发动机负荷	%		
燃油箱内的剩余燃油	%		

与故障相关数据流记录

2．清除故障码

3．确认故障码是否再次出现，并填写结果

□ 无 DTC

□ 有 DTC：________________

（4）根据实车现象及数据流，查阅相关电路图。由图 4-1-2 所示可知，该车日间行车灯无法点亮的故障点可能有：①控制模块；②日间行车灯继电器；③日间行车灯元件；④相关线路；⑤日间行车灯开关。

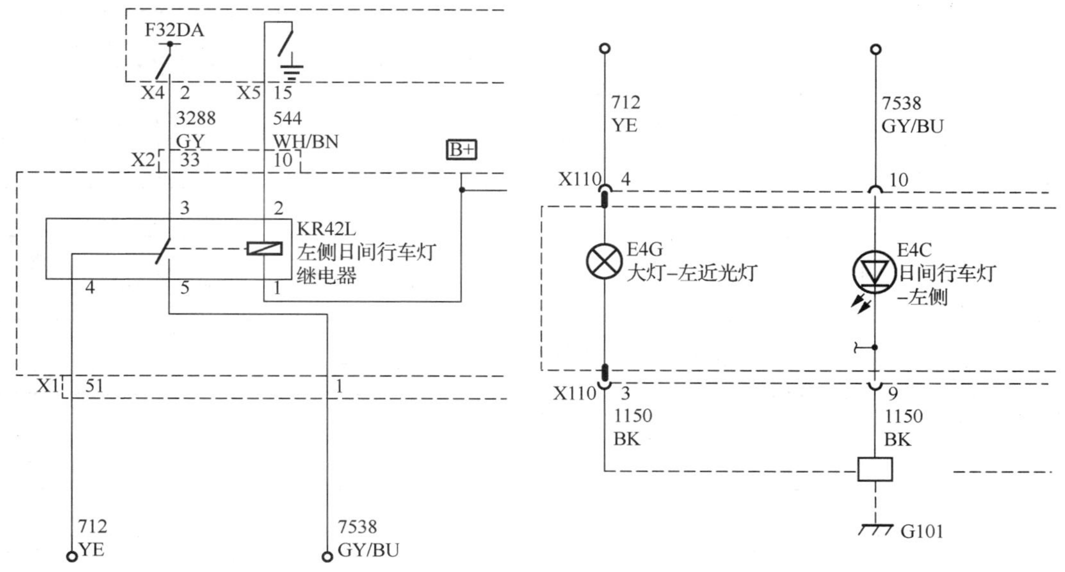

图 4-1-2 日间行车灯电路图

确定故障范围	根据上述检查进行判断并填写可能故障范围		
		□ 可能	□ 不可能
		□ 可能	□ 不可能
		□ 可能	□ 不可能
		□ 可能	□ 不可能

（5）断开日间行车灯继电器，用一根导线跨接 5 号孔和 3 号孔，此时打开电源，日间行车灯正常工作，说明日间行车灯工作电路正常。由此推断日间行车灯继电器损坏，如图 4-1-3 所示，怀疑故障是由于继电器内部接触不良所导致的。

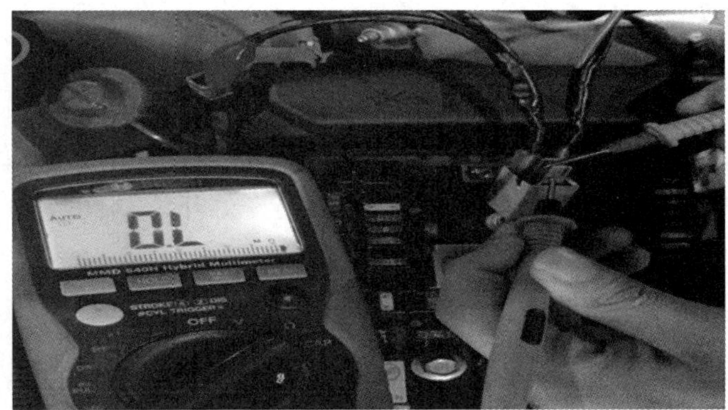

图 4-1-3 继电器端子异常

<table>
<tr><td>电路测量</td><td>对被怀疑的线路进行测量，注明插件代码和编号、控制单元端子代号以及测量结果：
<table>
<tr><th>线路范围</th><th>测量结果</th><th colspan="2">检查或测试后的判断结果</th></tr>
<tr><td></td><td></td><td>□ 正常</td><td>□ 不正常</td></tr>
<tr><td></td><td></td><td>□ 正常</td><td>□ 不正常</td></tr>
<tr><td></td><td></td><td>□ 正常</td><td>□ 不正常</td></tr>
</table>
</td></tr>
</table>

（6）对日间行车灯继电器进行处理后试车，故障未再出现。

<table>
<tr><td>故障部位确认和排除</td><td>根据上述的所有检测结果，确定故障内容并注明：
1．确定的故障
<table>
<tr><td>□ 元件损坏</td><td>名称：　　　　原因：</td></tr>
<tr><td>□ 线路故障</td><td>区间：　　　　原因：</td></tr>
<tr><td>□ 其他</td><td></td></tr>
</table>
2．故障点的排除处理说明
<table>
<tr><td>□ 更换</td><td>□ 维修</td><td>□ 调整</td></tr>
</table>
【发动机】
维修后故障症状及代码检查，并填写结果

【空调系统】
维修后故障症状及代码检查，并填写结果

【车身系统】
维修后故障症状及代码检查，并填写结果
</td></tr>
</table>

更换日间行车灯继电器后车辆通电，打开日间行车灯开关，日间行车灯正常点亮，至此故障排除。

（三）收款交车

维修结束，填写“维修服务委托书”，待客户付款后交车。

二、评价与反馈

(一)顶岗实习目标达成度的自我检查

序号	顶岗实习目标	顶岗实习目标达成情况(在相应的选项后打“✓”)		
		能	不能	不能的原因
1	故障码的读取			
2	故障点的检测			
3	故障点的确认			
4	元件的更换或维修			
5	确认故障排除			

(二)日常性表现评价(由岗位组长或组内成员评价)

(1)工作页填写情况。( )

A. 填写完整　　B. 完成不到 20%

C. 完成不到 50%　　D. 完成 80%以上

(2)工作着装是否规范。( )

A. 穿着工作服,佩戴工作牌　　B. 工作服未穿或工作牌未佩戴

(3)主动参与工作现场 7S 工作情况。( )

A. 积极主动参与　　B. 在组长要求下能参与

C. 在组长要求下参与效果不佳　　D. 不愿意参与

(4)是否严格按照规范操作。( )

A. 严格按照规范操作　　B. 没有按照规范操作

(5)学习该任务是否全勤。( )

A. 全勤　　B. 缺勤 0~20%(有请假)

C. 缺勤 20%以上　　D. 缺勤 50%以上(旷工)

(6)总体评价该学徒。( )

A. 非常优秀　　B. 比较优秀

C. 有待改进　　D. 亟待改进

(三)师傅总体评价

对该学徒所在小组整体印象评价。( )

A. 表现优秀,组内工作气氛好

B. 组长能组织按照要求完成工作项目,1 个学徒不能达到顶岗实习目标

C. 组内有 2 个学徒不能达到顶岗实习目标

D. 组内有 3 个以上学徒不能达到顶岗实习目标

师傅签名＿＿＿＿＿＿　　＿＿＿＿年 ＿＿＿＿月 ＿＿＿＿日

三、职业技能拓展

（1）根据故障检测与排除过程，完成下列表格填写，并完成一篇故障案例撰写。

故障名称			
车型		里程	
故障现象			
使用到的工量具及配件			
车辆预检情况			
故障分析		可能造成故障的原因	1. 2. 3. 4.
故障诊断			
故障排除			
反思小结			

（2）在组内口述分享故障排除体会，由其他学徒和企业师傅完成评价。

<table>
<tr><td>学习情景：</td><td colspan="8">组员姓名</td></tr>
<tr><td>日期：</td><td colspan="2"></td><td colspan="2"></td><td colspan="2"></td><td colspan="2"></td></tr>
<tr><td>评价项目</td><td>Sp</td><td>Tp</td><td>Sp</td><td>Tp</td><td>Sp</td><td>Tp</td><td>Sp</td><td>Tp</td></tr>
<tr><td>结构和布局</td><td></td><td></td><td></td><td></td><td></td><td></td><td></td><td></td></tr>
<tr><td>专业知识</td><td></td><td></td><td></td><td></td><td></td><td></td><td></td><td></td></tr>
<tr><td>肢体语言姿态</td><td></td><td></td><td></td><td></td><td></td><td></td><td></td><td></td></tr>
<tr><td>语言表达能力</td><td></td><td></td><td></td><td></td><td></td><td></td><td></td><td></td></tr>
<tr><td colspan="9">评价标准</td></tr>
</table>

结构和布局	专业知识	肢体语言姿态	语言表达能力
-明晰 -引入目的性明确 -开头有概述 -过渡明确 -遵守时间规定 -结尾明显 -简要总结	-专业方面正确 -清晰回答问题 -解释专业表达	-自信 -开放性的登场 -与听众有交流 -表情、手势	-清晰明了 -抑扬顿挫 -速度、停顿

注：（1）等级 A～D：A=非常明显；B=相当明显；C=部分出现；D=涉及的能力完全没有出现。

（2）Sp=学徒评价；Tp=师傅评价。

顶岗任务二　汽车制动灯故障的检测与维修

顶岗实习目标

※顶岗知识目标：1. 了解制动灯的作用、电路图和工作原理；

2. 了解制动灯的安装位置和基本检测方法。

※顶岗技能目标：1. 掌握制动灯故障的检测方法；

2. 在师傅的指导下，完成制动灯故障的排除；

3. 运用所学知识，分析制动灯的典型故障。

顶岗实习导图

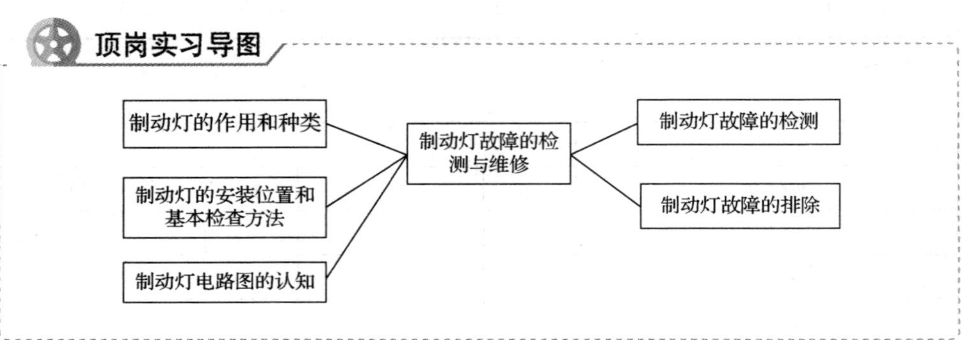

岗位任务描述

一辆 2017 年产别克威朗车，行驶里程约为 2.3 万 km，据驾驶人反映，该车因车辆右侧制动灯无法点亮而进店维修。

一、师徒实训操作

（一）接车预检

汽车维修接待的工作人员进行车辆的初步检查，并完成“接车检查单”的填写。

（二）检测诊断

1. 技术标准与要求

（1）学徒身份：维修接待人员，维修工作人员。
（2）参照相关维修手册，要求了解制动灯的安装位置和检测方法。
（3）拆装制动灯时，要注意人身和设备安全。

2. 设备器材

序号	可能用到的设备
1	
2	
3	
4	
5	

3. 任务实施

维修工作人员根据维修接待人员所提交的“接车检查单”进行相关维护保养或故障修理，填写“车辆保养、维修记录档案”。

<table>
<tr><th colspan="9">车辆保养、维修记录档案</th></tr>
<tr><td colspan="9">车辆基本情况</td></tr>
<tr><td colspan="3">车辆牌号：</td><td colspan="2">车辆型号：</td><td colspan="4">购车时间：</td></tr>
<tr><td colspan="3">投保有效期：</td><td colspan="2">保险公司：</td><td colspan="4">保险金额：</td></tr>
<tr><td colspan="9">保养记录</td></tr>
<tr><td>序号</td><td>日期</td><td>行驶里程</td><td colspan="2">保养项目</td><td colspan="2">金额</td><td>经办人</td><td>备注</td></tr>
<tr><td>1</td><td></td><td></td><td colspan="2"></td><td colspan="2"></td><td></td><td></td></tr>
<tr><td>2</td><td></td><td></td><td colspan="2"></td><td colspan="2"></td><td></td><td></td></tr>
<tr><td>3</td><td></td><td></td><td colspan="2"></td><td colspan="2"></td><td></td><td></td></tr>
<tr><td colspan="9">维修记录</td></tr>
<tr><td>序号</td><td>日期</td><td>维修原因</td><td>维修项目</td><td>是否大修</td><td>送修里程</td><td>金额</td><td>经办人</td><td>备注</td></tr>
<tr><td>1</td><td></td><td></td><td></td><td></td><td></td><td></td><td></td><td></td></tr>
<tr><td>2</td><td></td><td></td><td></td><td></td><td></td><td></td><td></td><td></td></tr>
<tr><td>3</td><td></td><td></td><td></td><td></td><td></td><td></td><td></td><td></td></tr>
</table>

本任务操作步骤如下。

（1）接车后，根据客户描述的故障现象，维修工作人员对故障进行确认。车辆通电，踩下制动踏板，右侧制动灯无法点亮，确认故障存在。

（2）连接故障诊断仪，读取控制模块内故障码，发现当前故障码不存在，进入数据流显示。左、右侧制动灯（刹车灯）指令均为100%，如图4-2-1所示。

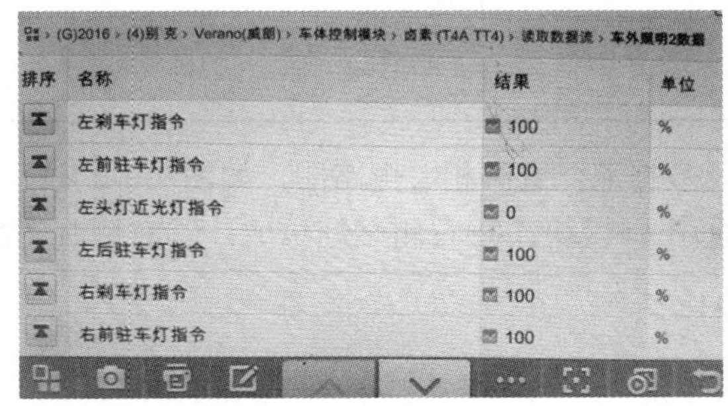

图 4-2-1　相关数据流读取

（3）读取与故障相关的数据流。

<table>
<tr>
<td>正确读取数据和清除故障码</td>
<td>
1．填表并记录冻结帧（只记录故障码设定时的帧）
<table>
<tr><th>项目</th><th>数值</th><th>单位</th><th>判断</th></tr>
<tr><td>发动机转速</td><td></td><td>r/min</td><td></td></tr>
<tr><td>发动机冷却液温度</td><td></td><td>℃</td><td></td></tr>
<tr><td>空气质量流量传感器测得的进气量</td><td></td><td>g/s</td><td></td></tr>
<tr><td>发动机负荷</td><td>%</td><td></td><td></td></tr>
<tr><td>燃油箱内的剩余燃油</td><td>%</td><td></td><td></td></tr>
<tr><td></td><td></td><td></td><td></td></tr>
<tr><td></td><td></td><td></td><td></td></tr>
<tr><td></td><td></td><td></td><td></td></tr>
</table>
与故障相关数据流记录
<table>
<tr><td></td><td></td><td></td><td></td></tr>
<tr><td></td><td></td><td></td><td></td></tr>
<tr><td></td><td></td><td></td><td></td></tr>
<tr><td></td><td></td><td></td><td></td></tr>
<tr><td></td><td></td><td></td><td></td></tr>
<tr><td></td><td></td><td></td><td></td></tr>
</table>
2．清除故障码
3．确认故障码是否再次出现，并填写结果
□ 无 DTC
□ 有 DTC：____________________
</td>
</tr>
</table>

（4）根据实车现象及数据流，查阅相关电路图，如图 4-2-2 所示。该车右侧制动灯无法点亮的故障点可能有：①控制模块；②右侧尾灯总成；③右侧制动灯元件；④相关线路；⑤制动灯开关。

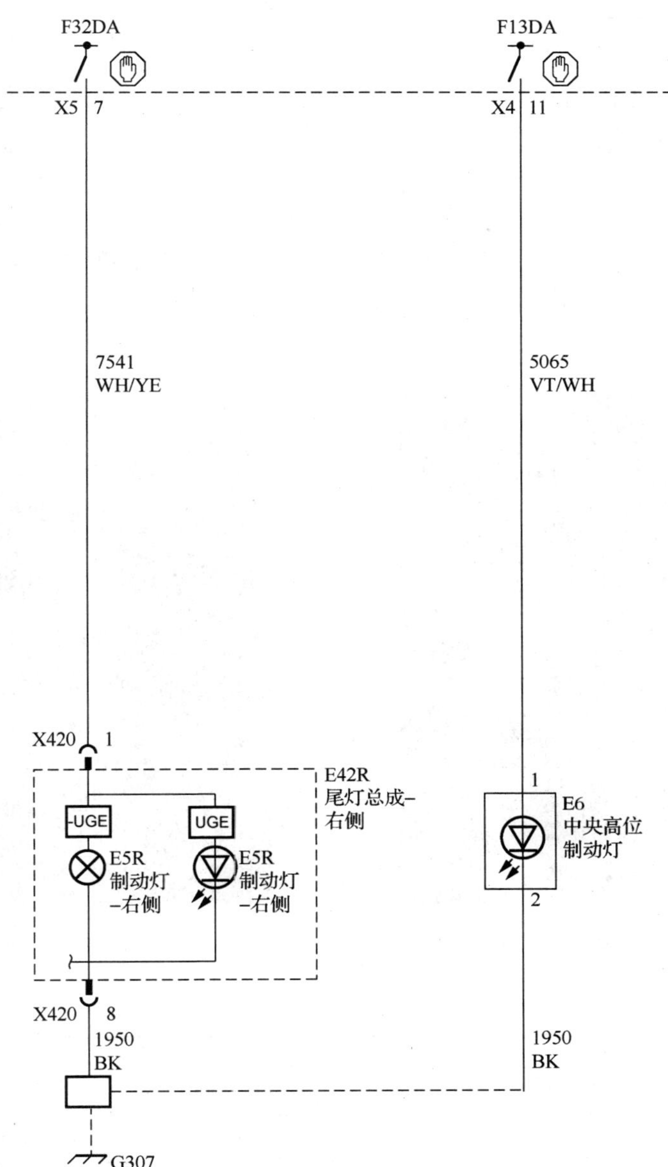
F32DA
F13DA
X5 7
X4 11
7541
WH/YE
5065
VT/WH
X420 1
E42R
尾灯总成-
右侧
UGE
UGE
E5R
制动灯
-右侧
E5R
制动灯
-右侧
1
E6
中央高位
制动灯
2
X420 8
1950
BK
1950
BK
G307

图 4-2-2　制动灯电路图

<table>
<tr><td rowspan="5">确定故障
范围</td><td colspan="3">根据上述检查进行判断并填写可能故障范围</td></tr>
<tr><td></td><td>□ 可能</td><td>□ 不可能</td></tr>
<tr><td></td><td>□ 可能</td><td>□ 不可能</td></tr>
<tr><td></td><td>□ 可能</td><td>□ 不可能</td></tr>
<tr><td></td><td>□ 可能</td><td>□ 不可能</td></tr>
</table>

（5）断开右侧尾灯总成，车辆通电；踩住车辆制动踏板，此时用万用表检测1号供电（实测为12V，正常）和8号搭铁（实测为小于1Ω，正常），说明右侧制动灯工作电路正常。由此怀疑制动灯元件损坏。经故障检测是灯泡损坏导致制动灯无法正常显示，如图4-2-3与图4-2-4所示。

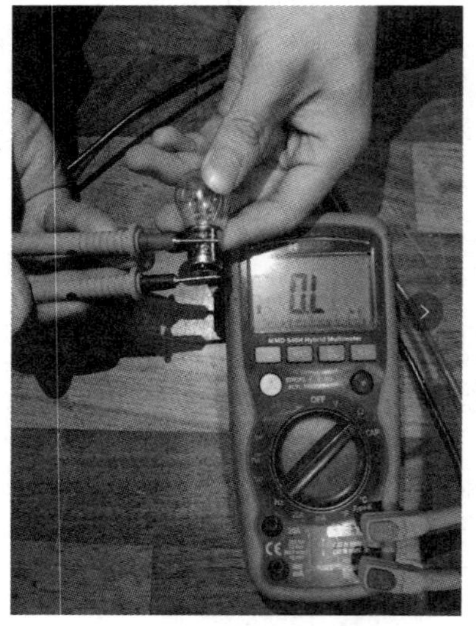

图4-2-3　测量灯泡电阻图

图4-2-4　灯泡损坏

<table>
<tr><td rowspan="5">电路测量</td><td colspan="4">对被怀疑的线路进行测量，注明插件代码和编号、控制单元端子代号以及测量结果：</td></tr>
<tr><td>线路范围</td><td>测量结果</td><td colspan="2">检查或测试后的判断结果</td></tr>
<tr><td></td><td></td><td>□ 正常</td><td>□ 不正常</td></tr>
<tr><td></td><td></td><td>□ 正常</td><td>□ 不正常</td></tr>
<tr><td></td><td></td><td>□ 正常</td><td>□ 不正常</td></tr>
</table>

（6）更换右侧制动灯灯泡后，车辆通电，踩住制动踏板，右侧制动灯光正常点亮，至此故障排除。

<table>
<tr><td rowspan="1">故障部位确认和排除</td><td>根据上述的所有检测结果，确定故障内容并注明：
1. 确定的故障
<table>
<tr><td>□ 元件损坏</td><td>名称：　　　原因：</td></tr>
<tr><td>□ 线路故障</td><td>区间：　　　原因：</td></tr>
<tr><td>□ 其他</td><td></td></tr>
</table>
2. 故障点的排除处理说明
<table>
<tr><td>□ 更换</td><td>□ 维修</td><td>□ 调整</td></tr>
</table>
【发动机】
维修后故障症状及代码检查，并填写结果

【空调系统】
维修后故障症状及代码检查，并填写结果

【车身系统】
维修后故障症状及代码检查，并填写结果</td></tr>
</table>

（三）收款交车

维修结束，填写“维修服务委托书”，待客户付款后交车。

二、评价与反馈

（一）顶岗实习目标达成度的自我检查

序号	顶岗实习目标	顶岗实习目标达成情况（在相应的选项后打“✓”）		
		能	不能	不能的原因
1	故障码的读取			
2	故障点的检测			
3	故障点的确认			

续表

序号	顶岗实习目标	顶岗实习目标达成情况（在相应的选项后打“✓”）		
		能	不能	不能的原因
4	元件的更换或维修			
5	确认故障排除			

（二）日常性表现评价（由岗位组长或组内成员评价）

（1）工作页填写情况。（　　）

A．填写完整　　B．完成不到 20%

C．完成不到 50%　　D．完成 80%以上

（2）工作着装是否规范。（　　）

A．穿着工作服，佩戴工作牌　　B．工作服未穿或工作牌未佩戴

（3）主动参与工作现场 7S 工作情况。（　　）

A．积极主动参与　　B．在组长要求下能参与

C．在组长要求下参与效果不佳　　D．不愿意参与

（4）是否严格按照规范操作。（　　）

A．严格按照规范操作　　B．没有按照规范操作

（5）学习该任务是否全勤。（　　）

A．全勤　　B．缺勤 0～20%（有请假）

C．缺勤 20%以上　　D．缺勤 50%以上（旷工）

（6）总体评价该学徒。（　　）

A．非常优秀　　B．比较优秀

C．有待改进　　D．亟待改进

（三）师傅总体评价

对该学徒所在小组整体印象评价。（　　）

A．表现优秀，组内工作气氛好

B．组长能组织按照要求完成工作项目，1 个学徒不能达到顶岗实习目标

C．组内有 2 个学徒不能达到顶岗实习目标

D．组内有 3 个以上学徒不能达到顶岗实习目标

师傅签名＿＿＿＿＿＿　　＿＿＿＿年　＿＿＿＿月　＿＿＿＿日

三、职业技能拓展

（1）根据故障检测与排除过程，完成下列表格填写，并完成一篇故障案例撰写。

<table>
<tr><td>故障名称</td><td colspan="4"></td></tr>
<tr><td>车型</td><td colspan="2"></td><td>里程</td><td></td></tr>
<tr><td>故障现象</td><td colspan="4"></td></tr>
<tr><td>使用到的工量具及配件</td><td colspan="4"></td></tr>
<tr><td>车辆预检情况</td><td colspan="4"></td></tr>
<tr><td>故障分析</td><td></td><td>可能造成故障的原因</td><td colspan="2">1.
2.
3.
4.</td></tr>
<tr><td>故障诊断</td><td colspan="4"></td></tr>
<tr><td>故障排除</td><td colspan="4"></td></tr>
<tr><td>反思小结</td><td colspan="4"></td></tr>
</table>

（2）在组内口述分享故障排除体会，由其他学徒和企业师傅完成评价。

学习情景：	组员姓名							
日期：								
评价项目	Sp	Tp	Sp	Tp	Sp	Tp	Sp	Tp
结构和布局								
专业知识								
肢体语言姿态								
语言表达能力								

评价标准			
结构和布局	专业知识	肢体语言姿态	语言表达能力
-明晰 -引入目的性明确 -开头有概述 -过渡明确 -遵守时间规定 -结尾明显 -简要总结	-专业方面正确 -清晰回答问题 -解释专业表达	-自信 -开放性的登场 -与听众有交流 -表情、手势	-清晰明了 -抑扬顿挫 -速度、停顿

注：（1）等级 A～D：A=非常明显；B=相当明显；C=部分出现；D=涉及的能力完全没有出现。

（2）Sp=学徒评价；Tp=师傅评价。

顶岗任务三　汽车远光灯故障的检测与维修

顶岗实习目标

※顶岗知识目标：1. 了解远光灯的作用、电路图和工作原理；

2. 了解远光灯的安装位置和基本检测方法。

※顶岗技能目标：1. 掌握远光灯故障的检测方法；

2. 在师傅的指导下，完成远光灯故障的排除；

3. 运用所学知识，分析远光灯的典型故障。

顶岗实习导图

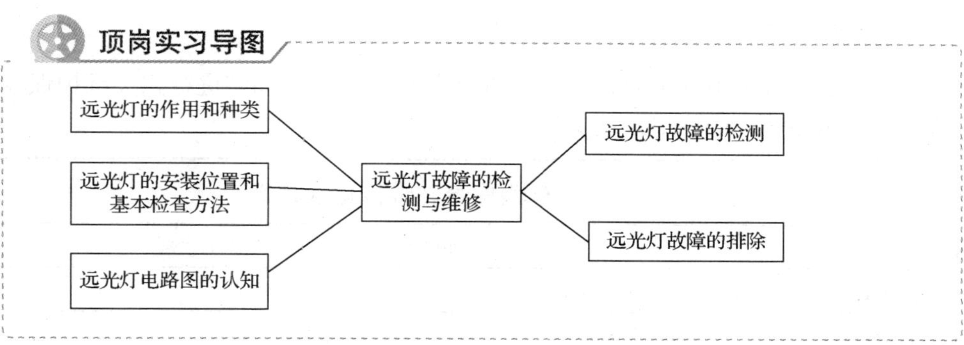

岗位任务描述

一辆 2017 年产别克威朗车，行驶里程约为 2.3 万 km，据驾驶人反映，该车因车辆远光灯无法点亮而进店维修。

一、师徒实训操作

（一）接车预检

汽车维修接待的工作人员进行车辆的初步检查，并完成“接车检查单”的填写。

（二）检测诊断

1. 技术标准与要求

（1）学徒身份：维修接待人员，维修工作人员。
（2）参照相关维修手册，要求了解远光灯的安装位置和检测方法。
（3）拆装远光灯时，要注意人身和设备安全。

2. 设备器材

序号	可能用到的设备
1	
2	
3	
4	
5	

3. 任务实施

维修工作人员根据维修接待人员所提交的“接车检查单”进行相关维护保养或故障修理，填写“车辆保养、维修记录档案”。

<table>
<tr><th colspan="9">车辆保养、维修记录档案</th></tr>
<tr><td colspan="9">车辆基本情况</td></tr>
<tr><td colspan="3">车辆牌号：</td><td colspan="2">车辆型号：</td><td colspan="4">购车时间：</td></tr>
<tr><td colspan="3">投保有效期：</td><td colspan="2">保险公司：</td><td colspan="4">保险金额：</td></tr>
<tr><td colspan="9">保养记录</td></tr>
<tr><td>序号</td><td>日期</td><td>行驶里程</td><td colspan="2">保养项目</td><td>金额</td><td>经办人</td><td colspan="2">备注</td></tr>
<tr><td>1</td><td></td><td></td><td colspan="2"></td><td></td><td></td><td colspan="2"></td></tr>
<tr><td>2</td><td></td><td></td><td colspan="2"></td><td></td><td></td><td colspan="2"></td></tr>
<tr><td>3</td><td></td><td></td><td colspan="2"></td><td></td><td></td><td colspan="2"></td></tr>
<tr><td colspan="9">维修记录</td></tr>
<tr><td>序号</td><td>日期</td><td>维修原因</td><td>维修项目</td><td>是否大修</td><td>送修里程</td><td>金额</td><td>经办人</td><td>备注</td></tr>
<tr><td>1</td><td></td><td></td><td></td><td></td><td></td><td></td><td></td><td></td></tr>
<tr><td>2</td><td></td><td></td><td></td><td></td><td></td><td></td><td></td><td></td></tr>
<tr><td>3</td><td></td><td></td><td></td><td></td><td></td><td></td><td></td><td></td></tr>
</table>

本任务操作步骤如下。

（1）接车后，根据客户所描述的故障现象，维修技师对故障进行确认。车辆通电，打开远光灯开关，灯光无法点亮，确认故障存在。

（2）连接故障诊断仪，读取控制模块内故障码，发现有 B2580 故障码存在，如图 4-3-1 所示。

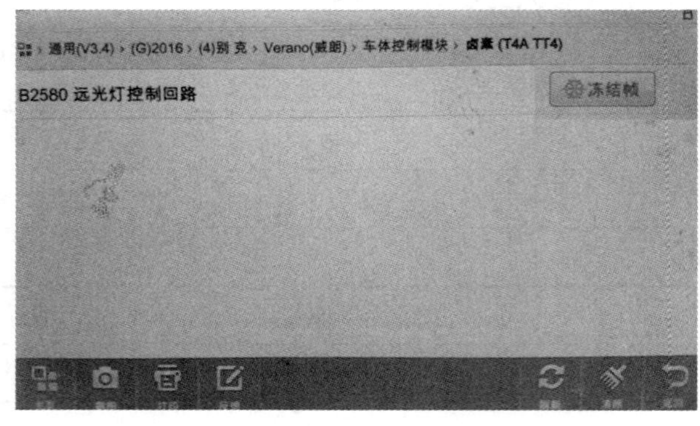

图 4-3-1　故障码读取

（3）读取与故障相关的数据流。

<table>
<tr>
<td>正确读取数据和
清除故障码</td>
<td>
1．填表并记录冻结帧（只记录故障码设定时的帧）
<table>
<tr><th>项目</th><th>数值</th><th>单位</th><th>判断</th></tr>
<tr><td>发动机转速</td><td></td><td>r/min</td><td></td></tr>
<tr><td>发动机冷却液温度</td><td></td><td>℃</td><td></td></tr>
<tr><td>空气质量流量传感器测得的进气量</td><td></td><td>g/s</td><td></td></tr>
<tr><td>发动机负荷</td><td>%</td><td></td><td></td></tr>
<tr><td>燃油箱内的剩余燃油</td><td>%</td><td></td><td></td></tr>
<tr><td></td><td></td><td></td><td></td></tr>
<tr><td></td><td></td><td></td><td></td></tr>
<tr><td></td><td></td><td></td><td></td></tr>
</table>
与故障相关数据流记录
<table>
<tr><td></td><td></td><td></td><td></td></tr>
<tr><td></td><td></td><td></td><td></td></tr>
<tr><td></td><td></td><td></td><td></td></tr>
<tr><td></td><td></td><td></td><td></td></tr>
<tr><td></td><td></td><td></td><td></td></tr>
<tr><td></td><td></td><td></td><td></td></tr>
</table>
2．清除故障码

3．确认故障码是否再次出现，并填写结果

□ 无 DTC

□ 有 DTC：____________________
</td>
</tr>
</table>

（4）根据实车现象及数据流，查阅相关电路图，如图 4-3-2 所示。该车远光灯无法点亮的故障点可能有：①控制模块；②远光灯继电器；③远光灯元件；④相关线路；⑤远光灯开关。

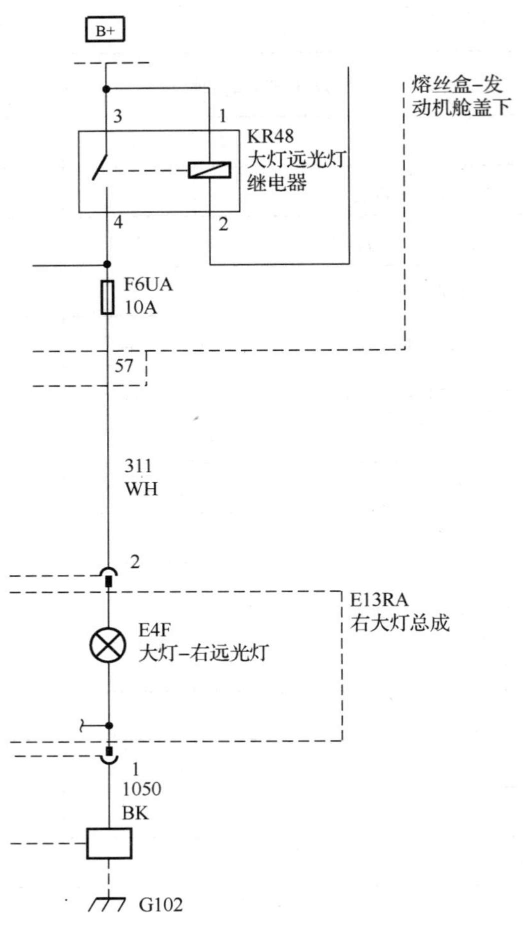

图 4-3-2　远光灯电路图

<table>
<tr><td rowspan="5">确定故障范围</td><td colspan="3">根据上述检查进行判断并填写可能故障范围</td></tr>
<tr><td></td><td>□ 可能</td><td>□ 不可能</td></tr>
<tr><td></td><td>□ 可能</td><td>□ 不可能</td></tr>
<tr><td></td><td>□ 可能</td><td>□ 不可能</td></tr>
<tr><td></td><td>□ 可能</td><td>□ 不可能</td></tr>
</table>

（5）断开右侧远光灯导线连接器，开启远光灯，用万用表测量右侧远光灯导线连接器侧端子 1 与端子 2 之间的电压，为 0V，不正常（正常情况下，应为蓄电池电压）；测量端子 1 与车身搭铁之间的电阻值为小于 1Ω，正常，说明右侧远光灯供电故障。找到右侧远光灯熔丝 F6UA 并将其取出，打开远光灯开关，用万用表测量右侧远光灯熔丝盒端子与车身搭铁之间的电压，为 12V，正常。说明右侧远光灯供电到 F6UA 熔丝盒端子正常，由此判断右侧远光灯熔丝熔断，如图 4-3-3 所示。

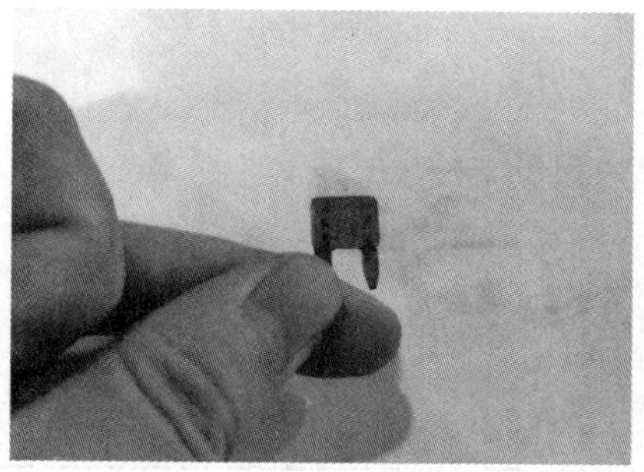
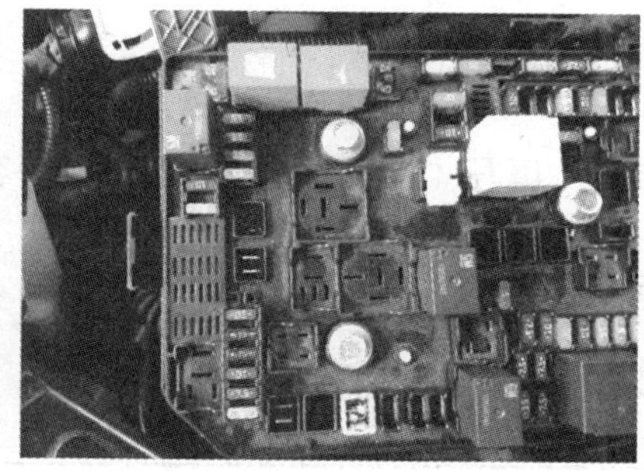

图 4-3-3 右侧远光灯熔丝熔断

<table>
<tr><td rowspan="5">电路测量</td><td colspan="4">对被怀疑的线路进行测量，注明插件代码和编号、控制单元端子代号以及测量结果：</td></tr>
<tr><td>线路范围</td><td>测量结果</td><td colspan="2">检查或测试后的判断结果</td></tr>
<tr><td></td><td></td><td>□ 正常</td><td>□ 不正常</td></tr>
<tr><td></td><td></td><td>□ 正常</td><td>□ 不正常</td></tr>
<tr><td></td><td></td><td>□ 正常</td><td>□ 不正常</td></tr>
</table>

（6）更换远光灯继电器后，车辆通电，打开灯光开关，远光灯正常点亮，至此故障排除。

<table>
<tr><td rowspan="12">故障部位确认和排除</td><td colspan="3">根据上述的所有检测结果，确定故障内容并注明：
1．确定的故障</td></tr>
<tr><td>□ 元件损坏</td><td colspan="2">名称：　　　原因：</td></tr>
<tr><td>□ 线路故障</td><td colspan="2">区间：　　　原因：</td></tr>
<tr><td>□ 其他</td><td colspan="2"></td></tr>
<tr><td colspan="3">2．故障点的排除处理说明</td></tr>
<tr><td>□ 更换</td><td>□ 维修</td><td>□ 调整</td></tr>
<tr><td colspan="3">【发动机】
维修后故障症状及代码检查，并填写结果</td></tr>
<tr><td colspan="3">【空调系统】
维修后故障症状及代码检查，并填写结果</td></tr>
<tr><td colspan="3">【车身系统】
维修后故障症状及代码检查，并填写结果</td></tr>
</table>

（三）收款交车

维修结束，填写“维修服务委托书”，待客户付款后交车。

二、评价与反馈

（一）顶岗实习目标达成度的自我检查

序号	顶岗实习目标	顶岗实习目标达成情况（在相应的选项后打“✓”）		
		能	不能	不能的原因
1	故障码的读取			
2	故障点的检测			
3	故障点的确认			
4	元件的更换或维修			
5	确认故障排除			

（二）日常性表现评价（由岗位组长或组内成员评价）

（1）工作页填写情况。（　　）

A．填写完整　　B．完成不到 20%

C．完成不到 50%　　D．完成 80%以上

（2）工作着装是否规范。（　　）

A．穿着工作服，佩戴工作牌　　B．工作服未穿或工作牌未佩戴

（3）主动参与工作现场 7S 工作情况。（　　）

A．积极主动参与　　B．在组长要求下能参与

C．在组长要求下参与效果不佳　　D．不愿意参与

（4）是否严格按照规范操作。（　　）

A．严格按照规范操作　　B．没有按照规范操作

（5）学习该任务是否全勤。（　　）

A．全勤　　B．缺勤 0～20%（有请假）

C．缺勤 20%以上　　D．缺勤 50%以上（旷工）

（6）总体评价该学徒。（　　）

A．非常优秀　　B．比较优秀

C．有待改进　　D．亟待改进

（三）师傅总体评价

对该学徒所在小组整体印象评价。（　　）

A．表现优秀，组内工作气氛好

B．组长能组织按照要求完成工作项目，1 个学徒不能达到顶岗实习目标
C．组内有 2 个学徒不能达到顶岗实习目标
D．组内有 3 个以上学徒不能达到顶岗实习目标

师傅签名＿＿＿＿＿＿　　　　＿＿＿＿年 ＿＿＿＿月 ＿＿＿＿日

三、职业技能拓展

（1）根据故障检测与排除过程，完成下列表格填写，并完成一篇故障案例撰写。

<table>
<tr><td>故障名称</td><td colspan="3"></td></tr>
<tr><td>车型</td><td></td><td>里程</td><td></td></tr>
<tr><td>故障现象</td><td colspan="3"></td></tr>
<tr><td>使用到的工量具及配件</td><td colspan="3"></td></tr>
<tr><td>车辆预检情况</td><td colspan="3"></td></tr>
<tr><td>故障分析</td><td></td><td>可能造成故障的原因</td><td>1.
2.
3.
4.</td></tr>
<tr><td>故障诊断</td><td colspan="3"></td></tr>
<tr><td>故障排除</td><td colspan="3"></td></tr>
<tr><td>反思小结</td><td colspan="3"></td></tr>
</table>

（2）在组内口述分享故障排除体会，由其他学徒和企业师傅完成评价。

<table>
<tr><td>学习情景：</td><td colspan="8">组员姓名</td></tr>
<tr><td>日期：</td><td colspan="2"></td><td colspan="2"></td><td colspan="2"></td><td colspan="2"></td></tr>
<tr><td>评价项目</td><td>Sp</td><td>Tp</td><td>Sp</td><td>Tp</td><td>Sp</td><td>Tp</td><td>Sp</td><td>Tp</td></tr>
<tr><td>结构和布局</td><td></td><td></td><td></td><td></td><td></td><td></td><td></td><td></td></tr>
<tr><td>专业知识</td><td></td><td></td><td></td><td></td><td></td><td></td><td></td><td></td></tr>
<tr><td>肢体语言姿态</td><td></td><td></td><td></td><td></td><td></td><td></td><td></td><td></td></tr>
<tr><td>语言表达能力</td><td></td><td></td><td></td><td></td><td></td><td></td><td></td><td></td></tr>
</table>

评价标准			
结构和布局	专业知识	肢体语言姿态	语言表达能力
-明晰 -引入目的性明确 -开头有概述 -过渡明确 -遵守时间规定 -结尾明显 -简要总结	-专业方面正确 -清晰回答问题 -解释专业表达	-自信 -开放性的登场 -与听众有交流 -表情、手势	-清晰明了 -抑扬顿挫 -速度、停顿

注：（1）等级 A～D：A=非常明显；B=相当明显；C=部分出现；D=涉及的能力完全没有出现。

（2）Sp=学徒评价；Tp=师傅评价。

项目五 汽车电动车窗的检测与维修

顶岗任务一 主控开关故障的检测与维修

顶岗实习目标

※顶岗知识目标：1. 了解电动车窗的作用、电路图和工作原理；
2. 了解电动车窗的安装位置和基本检测方法。

※顶岗技能目标：1. 掌握电动车窗故障的检测方法；
2. 在师傅的指导下，完成电动车窗故障的排除；
3. 运用所学知识，分析电动车窗的典型故障。

顶岗实习导图

电动车窗作用和种类
电动车窗的安装位置和基本检查方法
电动车窗电路图认知
电动车窗故障的检测与维修
电动车窗故障的检测
电动车窗故障的排除

岗位任务描述

一辆别克威朗事故车，主驾驶侧进行过钣金维修。该车在修复后不久，出现了驾驶员侧车窗主控制开关控制驾驶员侧车窗、前部乘客车窗、左后车窗、右后车窗均失效故障。

该车进站维修后，查阅维修记录，发现该车在事故维修中车窗的主控制开关、车窗升降器进行过更换，初步判断可能是主控制开关及相关联的线路或车窗升降器故障。

一、师徒实训操作

（一）接车预检

汽车维修接待的工作人员进行车辆的初步检查，并完成“接车检查单”的填写。

（二）检测诊断

1. 技术标准与要求

（1）学徒身份：维修接待人员，维修工作人员。

（2）参照相关维修手册电路图，识别驾驶员侧车窗各端子，了解车窗各插接器和搭铁的安装位置。

（3）准确读取车窗故障码及数据流，熟悉线路的检测方法，规范使用检测工具，要注意人身和设备安全。

2. 设备器材

序号	可能用到的设备
1	
2	
3	
4	
5	
6	
7	
8	
9	

3. 任务实施

维修工作人员根据维修接待人员所提交的“接车检查单”进行相关维护保养或故障修理，填写“车辆保养、维修记录档案”。

车辆保养、维修记录档案								
车辆基本情况								
车辆牌号：			车辆型号：		购车时间：			
投保有效期：			保险公司：		保险金额：			
保养记录								
序号	日期	行驶里程	保养项目		金额	经办人	备注	
1								
2								
3								
维修记录								
序号	日期	维修原因	维修项目	是否大修	送修里程	金额	经办人	备注
1								
2								
3								

本任务操作步骤如下。

（1）维修接待人员接车后，帮助客户办理登记手续，同时安抚客户耐心等待检查结果。

（2）车辆驶入维修车间，维修接待人员将“接车检查单”“车辆保养、维修记录档案”交予维修工作人员，并向维修工作人员描述车辆故障。

（3）对故障车辆维修做好跟进工作，实时向车主汇报维修进展。

（4）维修工作人员对车辆故障进行确认，并完成后续工作。

故障描述			
故障现象确认	确认故障症状并记录症状现象（根据不同故障范围进行功能检测，并填写检测结果）		
		□正常	□不正常
		□正常	□不正常
		□正常	□不正常
		□正常	□不正常

（5）翻阅维修手册，查看相关电路图，如图 5-1-1 所示，分析造成驾驶员侧车窗主控制开关控制所有车窗功能失效、车窗操作无反应的原因。

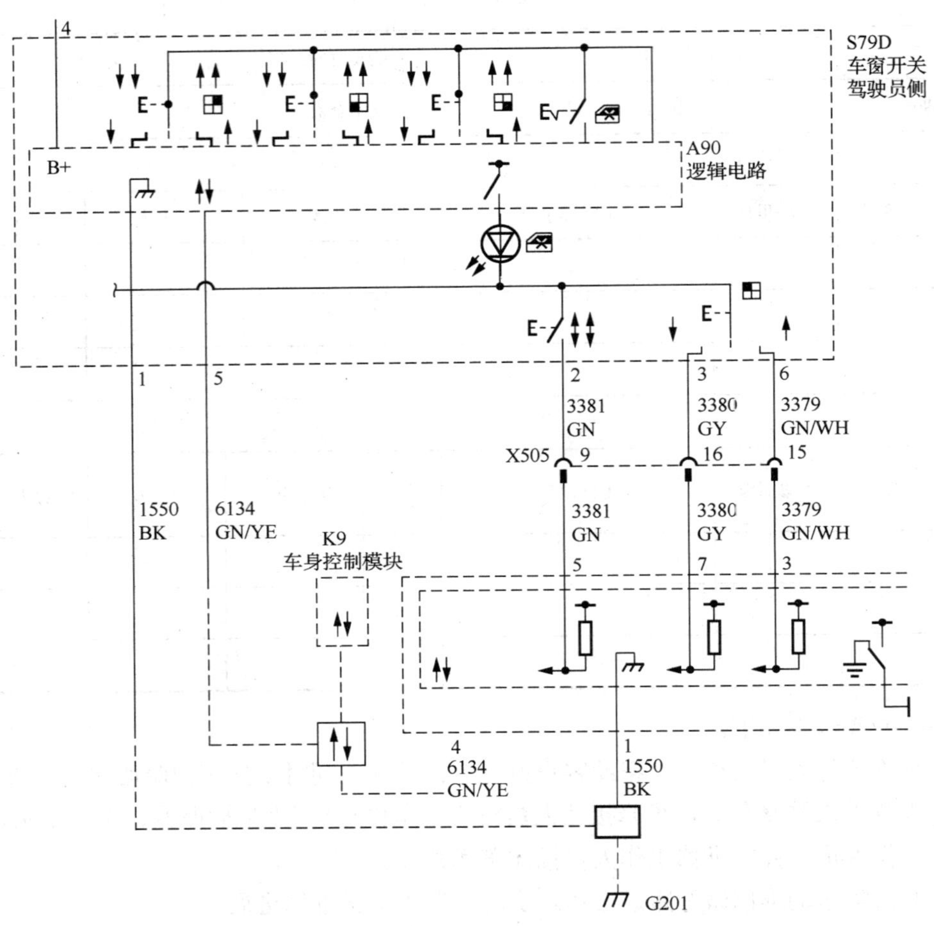

图 5-1-1　驾驶员侧车窗电路示意图

（6）维修人员对车辆故障进行诊断，连接诊断设备，进入别克威朗车窗控制系统，读取故障码及相关数据流，结果如图 5-1-2～图 5-1-4 所示。

<table>
<tr><td>故障代码检查</td><td></td></tr>
<tr><td>正确读取数据
和清除故障码</td><td>
1．车身控制模块、读取数据流（数据流测试）
<table>
<tr><th>项目</th><th>数值</th><th>判断</th></tr>
<tr><td></td><td></td><td></td></tr>
<tr><td></td><td></td><td></td></tr>
<tr><td></td><td></td><td></td></tr>
<tr><td></td><td></td><td></td></tr>
<tr><td></td><td></td><td></td></tr>
</table>
2．清除故障码

3．确认故障码是否再次出现，并填写结果
□ 无 DTC
□ 有 DTC：________________
</td></tr>
</table>

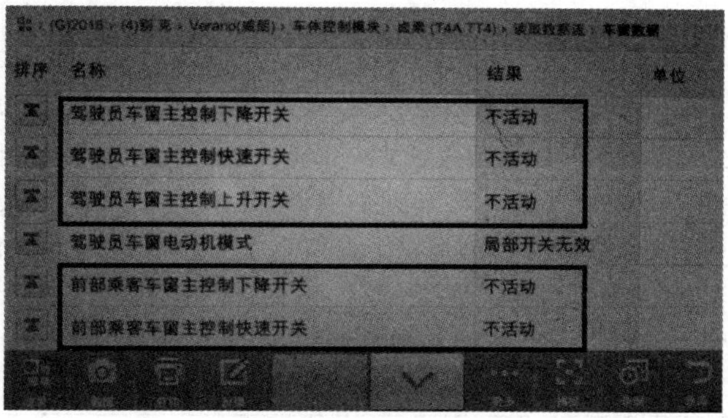

图 5-1-2　车窗数据流（1）

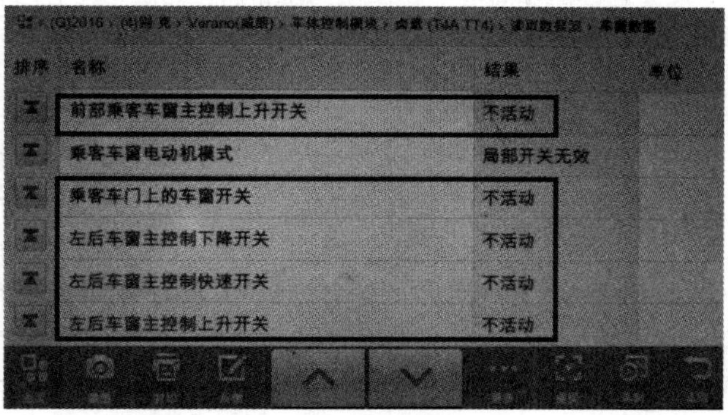

图 5-1-3　车窗数据流（2）

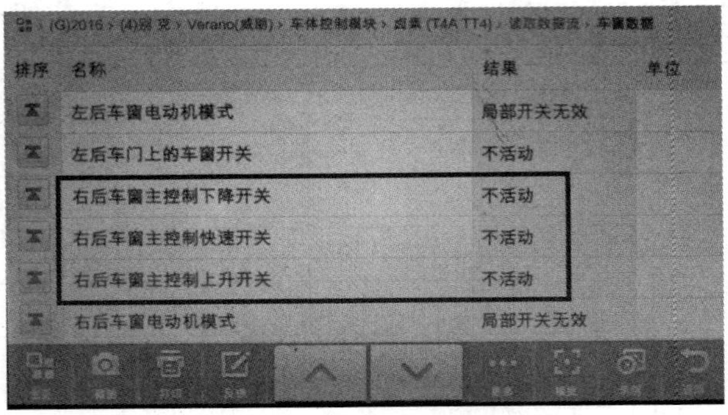

(G)2016 > (4)别 克 > Verano(威朗) > 车体控制模块 > 四窗 (T4A TT4) > 读取数据流 > 车窗数据

排序	名称	结果	单位
	左后车窗电动机模式	局部开关无效	
	左后车门上的车窗开关	不活动	
	右后车窗主控制下降开关	不活动	
	右后车窗主控制快速开关	不活动	
	右后车窗主控制上升开关	不活动	
	右后车窗电动机模式	局部开关无效	

图 5-1-4　车窗数据流（3）

（7）根据数据流，结合驾驶员侧车窗电路示意图（图 5-1-1），确定故障范围。

确定故障范围	根据上述检查进行判断并填写可能的故障范围		
		□ 可能	□ 不可能
		□ 可能	□ 不可能
		□ 可能	□ 不可能
		□ 可能	□ 不可能
		□ 可能	□ 不可能
		□ 可能	□ 不可能

（8）对主驾驶侧车窗控制开关（图 5-1-5）进行拆除，检查线路/连接器外观及连接情况（图 5-1-6）；确认连接正常后，根据相关故障码及数据流进行故障排除，对所怀疑的线路进行测量：发现 1 号端子孔（图 5-1-7）与搭铁 G201（图 5-1-8）间的电阻值为无穷大（图 5-1-9），由此怀疑 1 号端子与搭铁间出现断路。

基本检查	线路/连接器外观及连接情况 □正常□不正常 零件安装等　□正常□不正常			
电路测量	对被怀疑的线路进行测量，注明插件代码和编号、控制单元端子代号以及测量结果：			
	线路范围	测量结果	检查或测试后的判断结果	
			□ 正常	□ 不正常
			□ 正常	□ 不正常
			□ 正常	□ 不正常
			□ 正常	□ 不正常
			□ 正常	□ 不正常
			□ 正常	□ 不正常
			□ 正常	□ 不正常
			□ 正常	□ 不正常

图 5-1-5　主驾驶侧车窗控制开关

图 5-1-6　主驾驶侧车窗控制开关连接线路

图 5-1-7　主驾驶侧车窗控制开关插接器

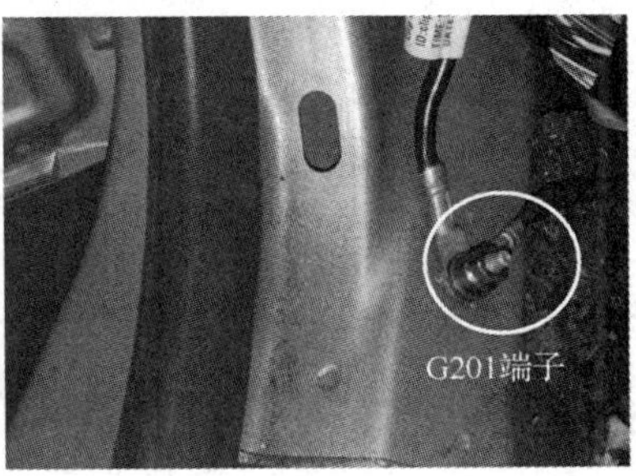

图 5-1-8　G201 端子连接处（主驾驶门槛内侧）

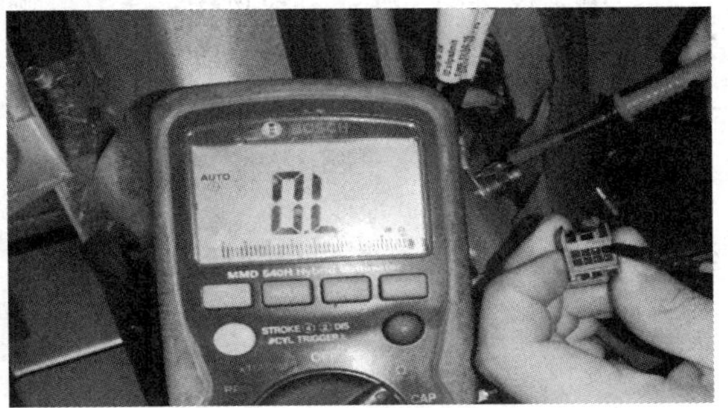

图 5-1-9　万用表测试电阻值为无穷大

（9）对导线连接器进行处理后试车，故障未再出现。

<table>
<tr><td rowspan="5">故障部位
确认和排除</td><td colspan="3">根据上述所有检测结果，确定故障内容并注明：
1. 确定的故障</td></tr>
<tr><td>☐ 元件损坏</td><td colspan="2">请写明元件名称：</td></tr>
<tr><td>☐ 线路故障</td><td colspan="2">请写明线路区间：</td></tr>
<tr><td>☐ 其他</td><td colspan="2"></td></tr>
<tr><td>2. 故障点的排除处理说明
☐ 更换</td><td>☐ 维修</td><td>☐ 调整</td></tr>
<tr><td rowspan="3">维修结果确认</td><td colspan="3">1. 维修后故障代码读取，并填写读取结果</td></tr>
<tr><td colspan="3">2. 与原故障码相关的动态数据检查，并填写读取结果</td></tr>
<tr><td colspan="3">3. 维修后的功能确认，并填写结果</td></tr>
</table>

（10）半个月后进行电话回访，确认故障排除。

汽车电路根据各模块的功能不同，一般分为电源电路、搭铁电路、控制电路及信号电路。其中搭铁电路主要为电气部件提供电源回路。汽车上有多个搭铁点，分布在汽车全身。搭铁电路工作不良，会引起仪表、电气设备不工作。本案例中，主驾驶侧车窗控制开关 S79D 插接器 1 号端子与搭铁 G201 连接出现断路，从而出现了驾驶员侧车窗主控制开关控制所有车窗功能失效的故障。

（三）收款交车

维修结束，填写“维修服务委托书”，待客户付款后交车。

二、评价与反馈

（一）顶岗实习目标达成度的自我检查

序号	顶岗实习目标	顶岗实习目标达成情况（在相应的选项后打“✓”）		
		能	不能	不能的原因
1	故障码的读取			

续表

序号	顶岗实习目标	顶岗实习目标达成情况（在相应的选项后打“✓”）		
		能	不能	不能的原因
2	故障点的检测			
3	故障点的确认			
4	元件的更换或维修			
5	确认故障排除			

（二）日常性表现评价（由岗位组长或组内成员评价）

（1）工作页填写情况。（　　）

A．填写完整　　B．完成不到 20%

C．完成不到 50%　　D．完成 80%以上

（2）工作着装是否规范。（　　）

A．穿着工作服，佩戴工作牌　　B．工作服未穿或工作牌未佩戴

（3）主动参与工作现场 7S 工作情况。（　　）

A．积极主动参与　　B．在组长要求下能参与

C．在组长要求下参与效果不佳　　D．不愿意参与

（4）是否严格按照规范操作。（　　）

A．严格按照规范操作　　B．没有按照规范操作

（5）学习该任务是否全勤。（　　）

A．全勤　　B．缺勤 0～20%（有请假）

C．缺勤 20%以上　　D．缺勤 50%以上（旷工）

（6）总体评价该学徒。（　　）

A．非常优秀　　B．比较优秀

C．有待改进　　D．亟待改进

（三）师傅总体评价

对该学徒所在小组整体印象评价。（　　）

A．表现优秀，组内工作气氛好

B．组长能组织按照要求完成工作项目，1 个学徒不能达到顶岗实习目标

C．组内有 2 个学徒不能达到顶岗实习目标

D．组内有 3 个以上学徒不能达到顶岗实习目标

师傅签名＿＿＿＿＿＿　　＿＿＿＿年　＿＿＿＿月　＿＿＿＿日

三、职业技能拓展

（1）根据故障检测与排除过程，完成下列表格填写，并完成一篇故障案例撰写。

<table>
<tr><td>故障名称</td><td colspan="3"></td></tr>
<tr><td>车型</td><td></td><td>里程</td><td></td></tr>
<tr><td>故障现象</td><td colspan="3"></td></tr>
<tr><td>使用到的工量具及配件</td><td colspan="3"></td></tr>
<tr><td>车辆预检情况</td><td colspan="3"></td></tr>
<tr><td>故障分析</td><td></td><td>可能造成故障的原因</td><td>1.
2.
3.
4.</td></tr>
<tr><td>故障诊断</td><td colspan="3"></td></tr>
<tr><td>故障排除</td><td colspan="3"></td></tr>
<tr><td>反思小结</td><td colspan="3"></td></tr>
</table>

（2）在组内口述分享故障排除体会，由其他学徒和企业师傅完成评价。

学习情景：	组员姓名							
日期：								
评价项目	Sp	Tp	Sp	Tp	Sp	Tp	Sp	Tp
结构和布局								
专业知识								
肢体语言姿态								
语言表达能力								

评价标准			
结构和布局	专业知识	肢体语言姿态	语言表达能力
-明晰 -引入目的性明确 -开头有概述 -过渡明确 -遵守时间规定 -结尾明显 -简要总结	-专业方面正确 -清晰回答问题 -解释专业表达	-自信 -开放性的登场 -与听众有交流 -表情、手势	-清晰明了 -抑扬顿挫 -速度、停顿

注：（1）等级 A～D：A=非常明显；B=相当明显；C=部分出现；D=涉及的能力完全没有出现。

（2）Sp=学徒评价；Tp=师傅评价。

顶岗任务二　前部乘客侧开关故障的检测与维修

顶岗实习目标

※顶岗知识目标：1. 了解电动车窗的作用、电路图和工作原理；

2. 了解电动车窗的安装位置和基本检测方法。

※顶岗技能目标：1. 掌握电动车窗故障的检测方法；

2. 在师傅的指导下，完成电动车窗故障的排除；

3. 运用所学知识，分析电动车窗的典型故障。

顶岗实习导图

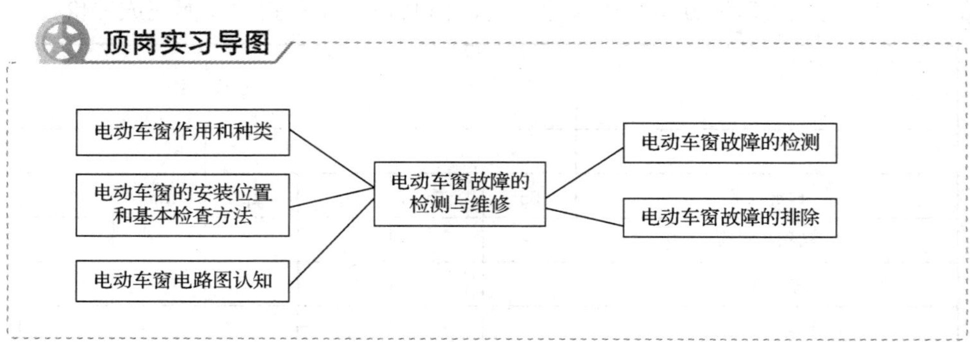

岗位任务描述

有一辆 15S 自动进取型别克威朗，前部乘客侧车窗控制开关控制车窗功能失效，车窗上升、下降操作无反应。

一、师徒实训操作

（一）接车预检

汽车维修接待的工作人员进行车辆的初步检查，并完成“接车检查单”的填写。

（二）检测诊断

1. 技术标准与要求

（1）学徒身份：维修接待人员，维修工作人员。

（2）参照相关维修手册电路图，识别乘客侧车窗各端子，了解车窗各插接器的安装位置。

（3）准确读取车窗故障码及数据流，熟悉线路的检测方法，规范使用检测工具，要注意人身和设备安全。

2. 设备器材

序号	可能用到的设备
1	
2	

续表

序号	可能用到的设备
3	
4	
5	

3. 任务实施

维修工作人员根据维修接待人员所提交的“接车检查单”进行相关维护保养或故障修理，填写“车辆保养、维修记录档案”。

<table>
<tr><th colspan="9">车辆保养、维修记录档案</th></tr>
<tr><td colspan="9">车辆基本情况</td></tr>
<tr><td colspan="3">车辆牌号：</td><td colspan="2">车辆型号：</td><td colspan="4">购车时间：</td></tr>
<tr><td colspan="3">投保有效期：</td><td colspan="2">保险公司：</td><td colspan="4">保险金额：</td></tr>
<tr><td colspan="9">保养记录</td></tr>
<tr><td>序号</td><td>日期</td><td>行驶里程</td><td colspan="2">保养项目</td><td colspan="2">金额</td><td>经办人</td><td>备注</td></tr>
<tr><td>1</td><td></td><td></td><td colspan="2"></td><td colspan="2"></td><td></td><td></td></tr>
<tr><td>2</td><td></td><td></td><td colspan="2"></td><td colspan="2"></td><td></td><td></td></tr>
<tr><td>3</td><td></td><td></td><td colspan="2"></td><td colspan="2"></td><td></td><td></td></tr>
<tr><td colspan="9">维修记录</td></tr>
<tr><td>序号</td><td>日期</td><td>维修原因</td><td>维修项目</td><td>是否大修</td><td>送修里程</td><td>金额</td><td>经办人</td><td>备注</td></tr>
<tr><td>1</td><td></td><td></td><td></td><td></td><td></td><td></td><td></td><td></td></tr>
<tr><td>2</td><td></td><td></td><td></td><td></td><td></td><td></td><td></td><td></td></tr>
<tr><td>3</td><td></td><td></td><td></td><td></td><td></td><td></td><td></td><td></td></tr>
</table>

本任务操作步骤如下。

（1）维修接待人员接车后，帮助客户办理登记手续，同时安抚客户耐心等待检查结果。

（2）车辆驶入维修车间，维修接待人员将“接车检查单”“保养、维修记录档案”交予维修工作人员，并向维修工作人员描述车辆故障。

（3）对故障车辆做好跟进工作，实时向车主汇报维修进展。

（4）维修工作人员对车辆故障进行确认，并完成后续工作。

故障描述			
故障现象确认	确认故障症状并记录症状现象（根据不同故障范围进行功能检测，并填写检测结果）		
		□正常	□不正常
		□正常	□不正常
		□正常	□不正常
		□正常	□不正常

（5）结合电路图，如图 5-2-1 所示，分析造成驾驶员侧车窗开关控制乘客侧车窗功能失效、车窗操作无反应原因。

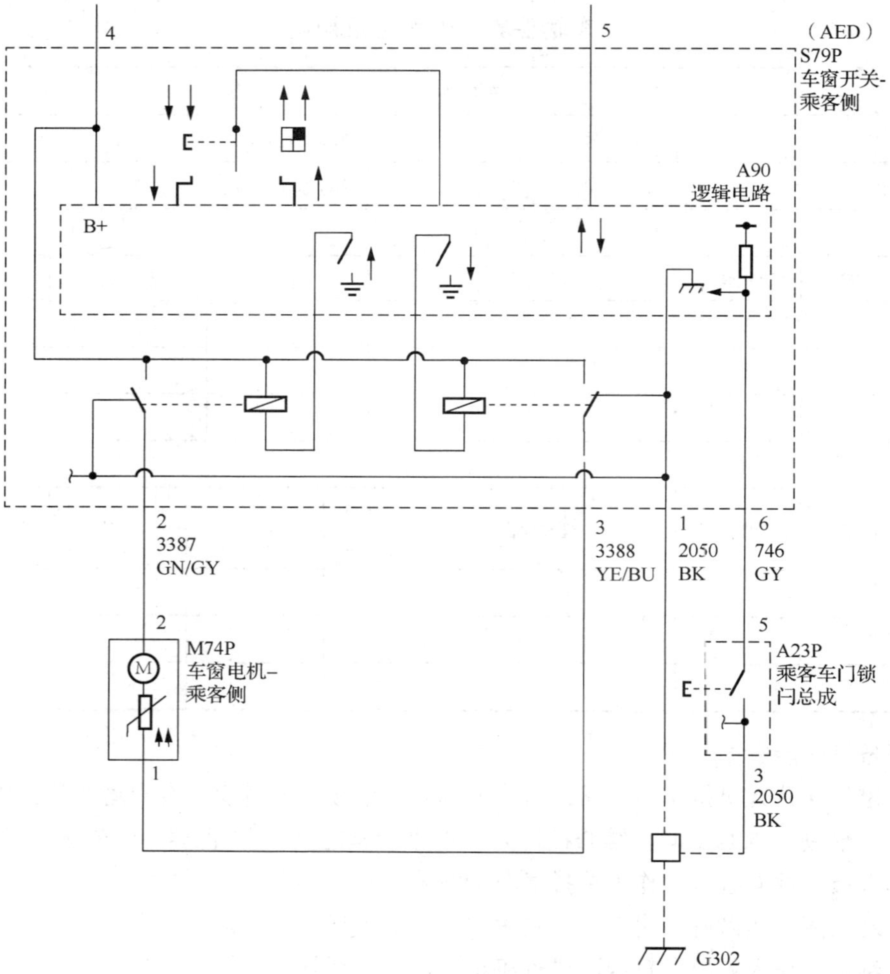

图 5-2-1 乘客侧车窗电机电路示意图

（6）进行车辆故障诊断与排除，连接诊断设备，进入别克威朗车窗系统，读取故障码及相关数据流，如图 5-2-2 所示。

<table>
<tr><td rowspan="3">正确读取数据
和清除故障码</td><td>1．车身控制模块、读取数据流（数据流测试）
<table><tr><th>项目</th><th>数值</th><th>判断</th></tr><tr><td></td><td></td><td></td></tr><tr><td></td><td></td><td></td></tr><tr><td></td><td></td><td></td></tr><tr><td></td><td></td><td></td></tr><tr><td></td><td></td><td></td></tr></table></td></tr>
<tr><td>2．清除故障码</td></tr>
<tr><td>3．确认故障码是否再次出现，并填写结果
☐ 无 DTC
☐ 有 DTC：________________</td></tr>
</table>

(G)2016 › (4)别克 › Verano(威朗) › 车体控制模块 › 卤素 (T4A TT4) › 读取数据流 › 车窗数据

排序	名称	结果	单位
	驾驶员车窗主控制上升开关	不活动	
	驾驶员车窗电动机模式	局部开关无效	
	前部乘客车窗主控制下降开关	不活动	
	前部乘客车窗主控制快速开关	不活动	
	前部乘客车窗主控制上升开关	不活动	
	乘客车窗电动机模式	局部开关无效	

图 5-2-2　车窗相关数据流

（7）根据数据流，结合乘客侧车窗电机电路示意图，如图 5-2-1 所示，确定故障范围。

<table>
<tr><td>确定故障范围</td><td>根据上述检查进行判断并填写可能的故障范围
<table><tr><td></td><td>☐ 可能</td><td>☐ 不可能</td></tr><tr><td></td><td>☐ 可能</td><td>☐ 不可能</td></tr><tr><td></td><td>☐ 可能</td><td>☐ 不可能</td></tr><tr><td></td><td>☐ 可能</td><td>☐ 不可能</td></tr><tr><td></td><td>☐ 可能</td><td>☐ 不可能</td></tr><tr><td></td><td>☐ 可能</td><td>☐ 不可能</td></tr></table></td></tr>
</table>

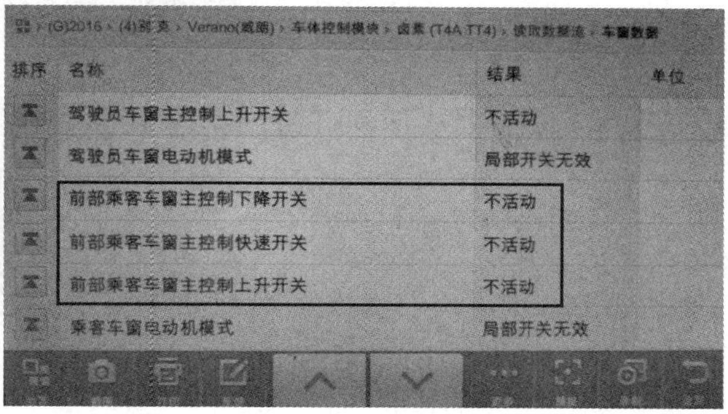

（8）检查前部乘客侧车窗控制开关、电机的线路/连接器外观及连接情况，如图 5-2-3 和图 5-2-4 所示；确认连接正常后，根据相关故障码及数据流进行故障排除。对被怀疑的线路进行测量发现：开关插接器 3 号端子（图 5-2-5）与电机插接器 1 号端子（图 5-2-6）之间，电阻值为无穷大（图 5-2-7），由此判断该电路出现断路。

<table>
<tr><td>基本检查</td><td colspan="4">线路/连接器外观及连接情况 □正常□不正常
零件安装等 □正常□不正常</td></tr>
<tr><td rowspan="7">电路测量</td><td colspan="4">对被怀疑的线路进行测量，注明插件代码和编号、控制单元端子代号以及测量结果：</td></tr>
<tr><td>线路范围</td><td>测量结果</td><td colspan="2">检查或测试后的判断结果</td></tr>
<tr><td></td><td></td><td>□ 正常</td><td>□ 不正常</td></tr>
<tr><td></td><td></td><td>□ 正常</td><td>□ 不正常</td></tr>
<tr><td></td><td></td><td>□ 正常</td><td>□ 不正常</td></tr>
<tr><td></td><td></td><td>□ 正常</td><td>□ 不正常</td></tr>
<tr><td></td><td></td><td>□ 正常</td><td>□ 不正常</td></tr>
</table>

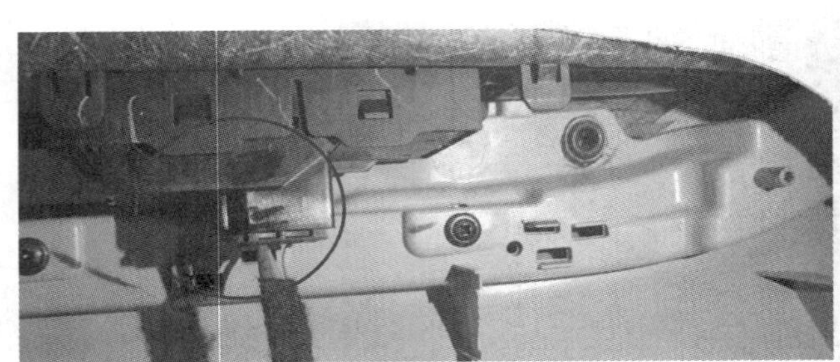

图 5-2-3　乘客侧车窗控制开关连接线路

图 5-2-4　乘客侧车窗电机连接线路

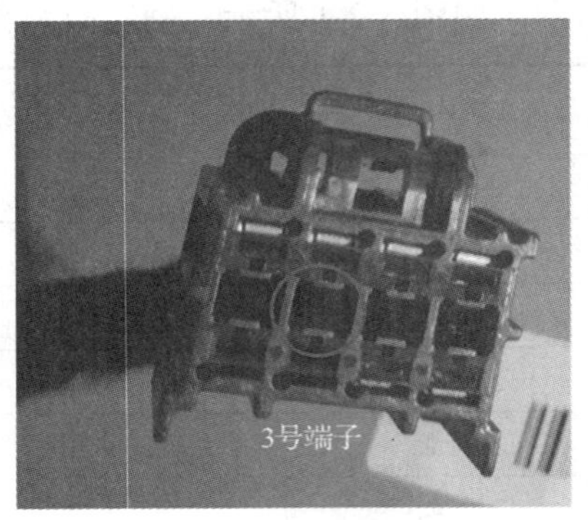

图 5-2-5　乘客侧车窗开关插接器

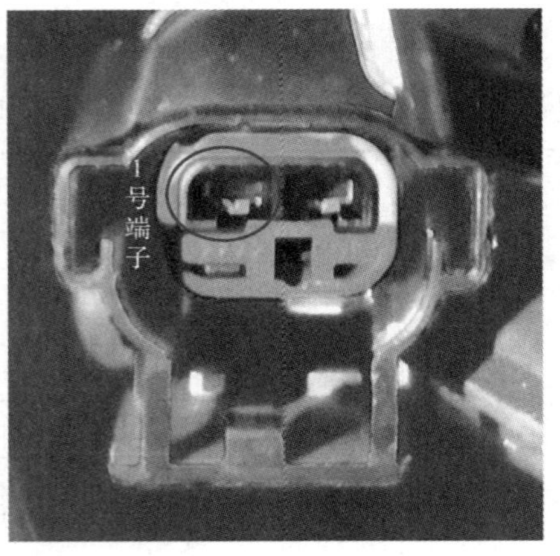

图 5-2-6　乘客侧车窗电机插接器

图 5-2-7　万用表测试电阻值

（9）对导线连接器进行处理后试车，故障未再出现。

<table>
<tr><td rowspan="1">故障部位
确认和排除</td><td>根据上述所有检测结果，确定故障内容并注明：
1．确定的故障
<table><tr><td>□ 元件损坏</td><td>请写明元件名称：</td></tr><tr><td>□ 线路故障</td><td>请写明线路区间：</td></tr><tr><td>□ 其他</td><td></td></tr></table>
2．故障点的排除处理说明
<table><tr><td>□ 更换</td><td>□ 维修</td><td>□ 调整</td></tr></table></td></tr>
<tr><td rowspan="3">维修结果确认</td><td>1．维修后故障代码读取，并填写读取结果</td></tr>
<tr><td>2．与原故障码相关的动态数据检查，并填写读取结果</td></tr>
<tr><td>3．维修后的功能确认，并填写结果</td></tr>
</table>

（10）半个月后进行电话回访，确认故障排除。

为了使汽车的电气设备工作，就要按照它们各自的工作特性及相互间的内在联系，用导线将车体、电源、电路保护装置、控制器件及用电设备等装置连接起来构成电路，导线的断路、短路直接影响着汽车电气设备的工作。乘客侧车窗开关插接器 S79P 的 3 号端子和乘客侧车窗电机插接器 M74P 的 1 号端子连接，是车窗升降运动的重要组成线路，它们之间断路会导致电流无法流经车窗电机，导致车窗升降不活动。

（三）收款交车

维修结束，填写“维修服务委托书”，待客户付款后交车。

二、评价与反馈

（一）顶岗实习目标达成度的自我检查

序号	顶岗实习目标	顶岗实习目标达成情况（在相应的选项后打“✓”）		
		能	不能	不能的原因
1	故障码的读取			
2	故障点的检测			
3	故障点的确认			
4	元件的更换或维修			
5	确认故障排除			

（二）日常性表现评价（由岗位组长或组内成员评价）

（1）工作页填写情况。（　　）

A．填写完整　　B．完成不到 20%

C．完成不到 50%　　D．完成 80%以上

（2）工作着装是否规范。（　　）

A．穿着工作服，佩戴工作牌　　B．工作服未穿或工作牌未佩戴

（3）主动参与工作现场 7S 工作情况。（　　）

A．积极主动参与　　B．在组长要求下能参与

C．在组长要求下参与效果不佳　　D．不愿意参与

（4）是否严格按照规范操作。（　　）

A．严格按照规范操作　　B．没有按照规范操作

（5）学习该任务是否全勤。（　　）

A．全勤　　B．缺勤 0～20%（有请假）

C．缺勤 20%以上　　D．缺勤 50%以上（旷工）

（6）总体评价该学徒。（　　）

A．非常优秀　　B．比较优秀

C．有待改进　　D．亟待改进

（三）师傅总体评价

对该学徒所在小组整体印象评价。（　　）

A．表现优秀，组内工作气氛好

B. 组长能组织按照要求完成工作项目，1 个学徒不能达到顶岗实习目标
C. 组内有 2 个学徒不能达到顶岗实习目标
D. 组内有 3 个以上学徒不能达到顶岗实习目标

师傅签名______________　　　　________年 ________月 ________日

三、职业技能拓展

（1）根据故障检测与排除过程，完成下列表格填写，并完成一篇故障案例撰写。

<table>
<tr><td>故障名称</td><td colspan="4"></td></tr>
<tr><td>车型</td><td colspan="2"></td><td>里程</td><td></td></tr>
<tr><td>故障现象</td><td colspan="4"></td></tr>
<tr><td>使用到的工量具及配件</td><td colspan="4"></td></tr>
<tr><td>车辆预检情况</td><td colspan="4"></td></tr>
<tr><td>故障分析</td><td></td><td>可能造成故障的原因</td><td colspan="2">1.
2.
3.
4.</td></tr>
<tr><td>故障诊断</td><td colspan="4"></td></tr>
<tr><td>故障排除</td><td colspan="4"></td></tr>
<tr><td>反思小结</td><td colspan="4"></td></tr>
</table>

（2）在组内口述分享故障排除体会，由其他学徒和企业师傅完成评价。

学习情景：	组员姓名							
日期：								
评价项目	Sp	Tp	Sp	Tp	Sp	Tp	Sp	Tp
结构和布局								
专业知识								
肢体语言姿态								
语言表达能力								

评价标准			
结构和布局	专业知识	肢体语言姿态	语言表达能力
-明晰 -引入目的性明确 -开头有概述 -过渡明确 -遵守时间规定 -结尾明显 -简要总结	-专业方面正确 -清晰回答问题 -解释专业表达	-自信 -开放性的登场 -与听众有交流 -表情、手势	-清晰明了 -抑扬顿挫 -速度、停顿

注：（1）等级 A～D：A=非常明显；B=相当明显；C=部分出现；D=涉及的能力完全没有出现。

（2）Sp=学徒评价；Tp=师傅评价。

顶岗任务三　车窗线路故障的检测与维修

顶岗实习目标

※顶岗知识目标：1. 了解电动车窗的作用、电路图和工作原理；

2. 了解电动车窗的安装位置和基本检测方法。

※顶岗技能目标：1. 掌握电动车窗故障的检测方法；

2. 在师傅的指导下，完成电动车窗故障的排除；

3. 运用所学知识，分析电动车窗故障的典型故障。

顶岗实习导图

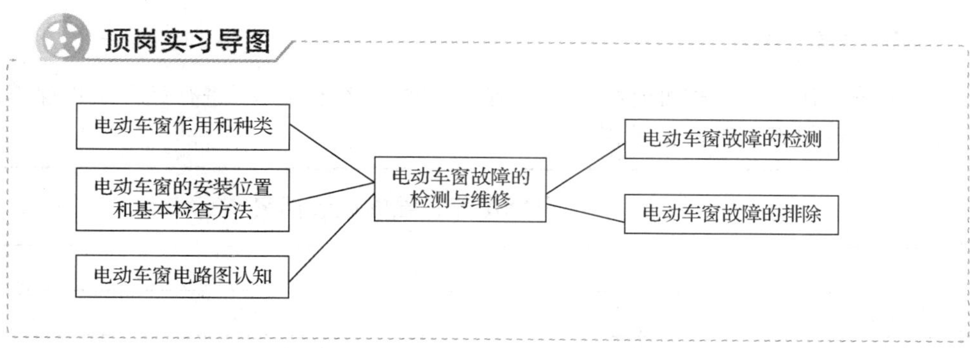

岗位任务描述

有一辆行驶里程 1.3 万 km 的别克威朗 15S 自动进取型私家车，驾驶员侧车窗可以控制车窗上升，但无法控制下降。

一、师徒实训操作

（一）接车预检

汽车维修接待的工作人员进行车辆的初步检查，并完成“接车检查单”的填写。

（二）检测诊断

1. 技术标准与要求

（1）学徒身份：维修接待人员，维修工作人员。
（2）参照相关维修手册，了解主驾驶侧车窗控制开关各端子位置和检测方法。
（3）规范使用检测工具，要注意人身和设备安全。

2. 设备器材

序号	可能用到的设备
1	
2	
3	
4	
5	

3. 任务实施

维修工作人员根据维修接待人员所提交的“接车检查单”进行相关维护保养或故障修理，填写“车辆保养、维修记录档案”。

车辆保养、维修记录档案								
车辆基本情况								
车辆牌号：			车辆型号：		购车时间：			
投保有效期：			保险公司：		保险金额：			
保养记录								
序号	日期	行驶里程	保养项目		金额		经办人	备注
1								
2								
3								
维修记录								
序号	日期	维修原因	维修项目	是否大修	送修里程	金额	经办人	备注
1								
2								
3								

本任务操作步骤如下。

（1）维修接待人员接车后，帮助客户办理登记手续，同时安抚客户耐心等待检查结果。

（2）车辆驶入维修车间，将“接车检查单”“车辆保养、维修记录档案”交予维修工作人员，并向维修工作人员描述车辆故障。

（3）维修接待人员对故障车辆做好维修跟进工作，实时向车主汇报维修进展。

（4）维修工作人员对车辆故障进行确认，完成后续工作。

故障现象确认	确认故障症状并记录症状现象（根据不同故障范围进行功能检测，并填写检测结果）		
		□正常	□不正常
		□正常	□不正常
		□正常	□不正常
		□正常	□不正常

（5）翻阅维修手册，查看驾驶员侧车窗电机电路示意图，如图 5-3-1 所示，分析驾驶员侧车窗主控制开关控制驾驶员侧车窗下降操作无反应的故障原因。

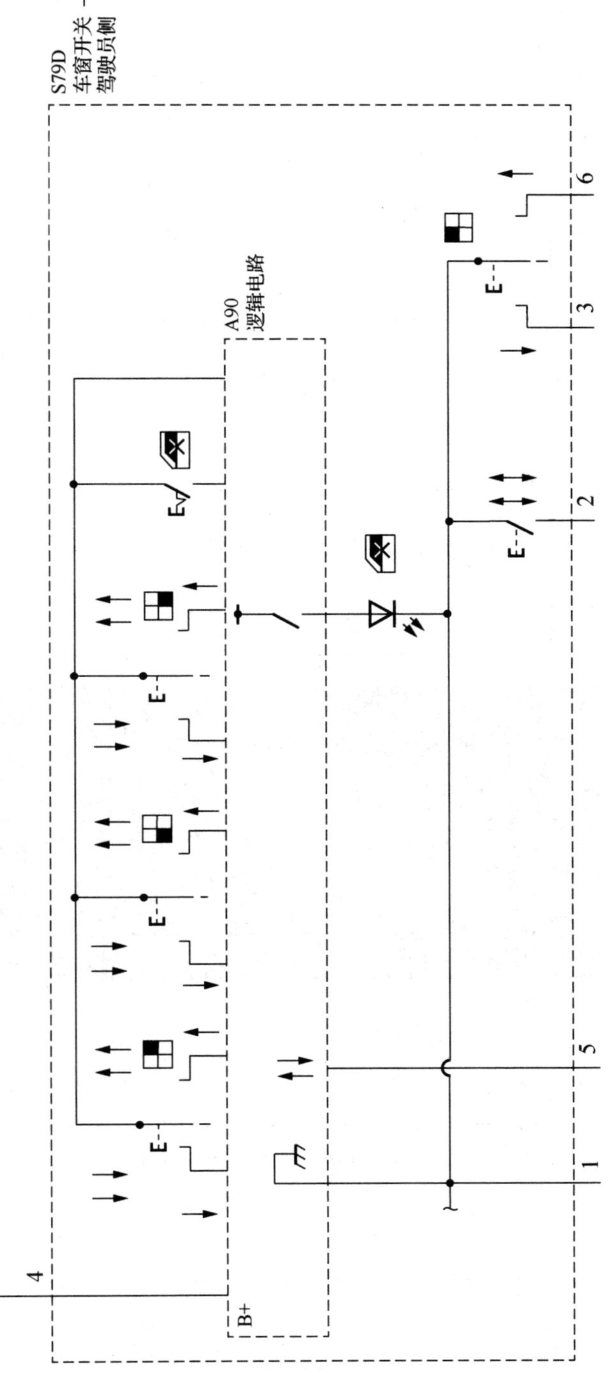

图 5-3-1　驾驶员侧车窗电机电路示意图

（6）对车辆进行故障诊断与排除，连接诊断设备，进入别克威朗车窗系统，读取故障码及相关数据流，如图 5-3-2 所示。

<table>
<tr><td>故障代码检查</td><td></td></tr>
<tr><td>正确读取数据
和清除故障码</td><td>1．车身控制模块、读取数据流（数据流测试）
<table>
<tr><td>项目</td><td>数值</td><td>判断</td></tr>
<tr><td></td><td></td><td></td></tr>
<tr><td></td><td></td><td></td></tr>
<tr><td></td><td></td><td></td></tr>
<tr><td></td><td></td><td></td></tr>
<tr><td></td><td></td><td></td></tr>
</table>
2．清除故障码
3．确认故障码是否再次出现，并填写结果
□ 无 DTC
□ 有 DTC：________________</td></tr>
</table>

(G)2016 › (4)别克 › Verano(威朗) › 车体控制模块 › 卤素 (T4A TT4) › 读取数据流 › 车窗数据

排序	名称	结果	单位
	已学习驾驶员车窗	是	
	乘客车窗已学习	是	
	左后车窗已学习	是	
	右后车窗已学习	是	
	驾驶员车窗主控制下降开关	不活动	

图 5-3-2　车窗数据流

（7）根据数据流，结合图 5-3-1，确定故障范围。

<table>
<tr><td>确定故障范围</td><td>根据上述检查进行判断并填写可能的故障范围
<table>
<tr><td></td><td>□ 可能</td><td>□ 不可能</td></tr>
<tr><td></td><td>□ 可能</td><td>□ 不可能</td></tr>
<tr><td></td><td>□ 可能</td><td>□ 不可能</td></tr>
<tr><td></td><td>□ 可能</td><td>□ 不可能</td></tr>
<tr><td></td><td>□ 可能</td><td>□ 不可能</td></tr>
<tr><td></td><td>□ 可能</td><td>□ 不可能</td></tr>
</table></td></tr>
</table>

（8）对主驾驶侧车窗控制开关进行拆除，检查线路/连接器外观及连接情况（图 5-3-3）；确认连接正常后，根据相关故障码及数据流进行故障排除，对怀疑的线路进行测量后未发现异常；对部件进行测量，拆卸主驾驶侧车窗控制开关（图 5-3-4）并进行测量，发现开关的 1 号端子与 3 号端子（图 5-3-5）间测得的电阻值为无穷大（图 5-3-6），说明它们之间出现了断路。

基本检查	线路/连接器外观及连接情况 □正常□不正常 零件安装等 □正常□不正常
电路测量	对被怀疑的线路进行测量，注明插件代码和编号，控制单元端子代号以及测量结果：

线路范围	测量结果	检查或测试后的判断结果	
		□ 正常	□ 不正常
		□ 正常	□ 不正常
		□ 正常	□ 不正常
		□ 正常	□ 不正常
		□ 正常	□ 不正常
		□ 正常	□ 不正常
		□ 正常	□ 不正常
		□ 正常	□ 不正常

部件测试	对被怀疑的部件进行测试

部件	测量结果	检查或测试后的判断结果	
		□ 正常	□ 不正常
		□ 正常	□ 不正常
		□ 正常	□ 不正常
		□ 正常	□ 不正常

图 5-3-3　主驾驶侧车窗控制开关连接线路

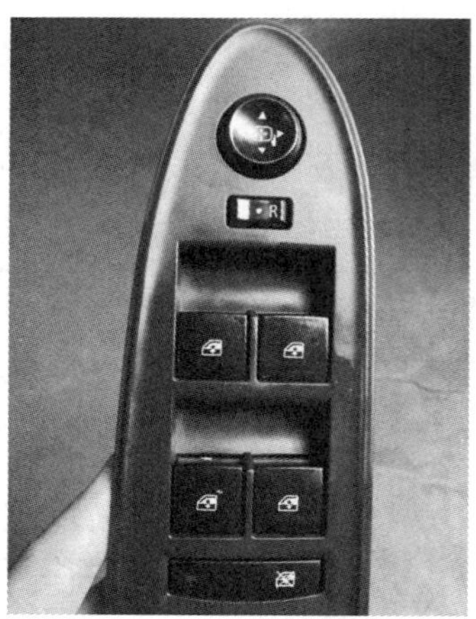

图 5-3-4　主驾驶侧车窗控制开关

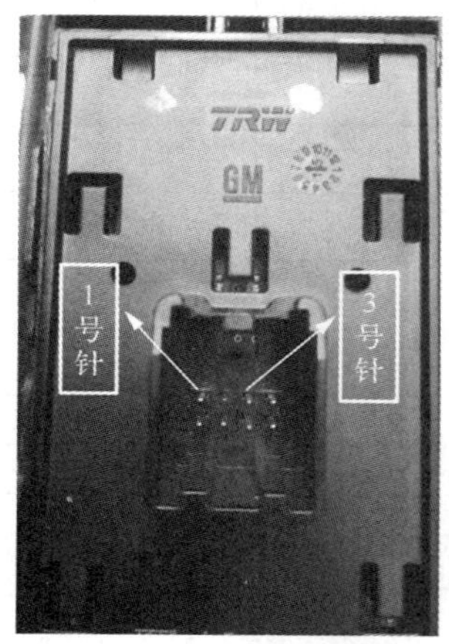

图 5-3-5　主驾驶侧车窗控制开关

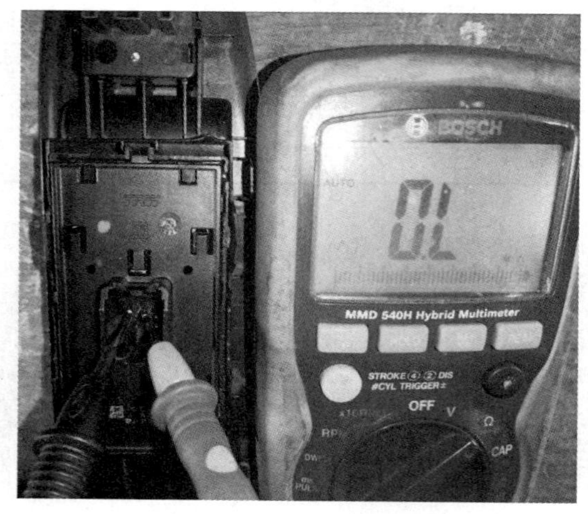

图 5-3-6　万用表测试电阻值为无穷大

（9）更换车窗控制开关后试车，故障未再出现。

<table>
<tr><td rowspan="6">故障部位
确认和排除</td><td colspan="3">根据上述的所有检测结果，确定故障内容并注明：
1．确定的故障</td></tr>
<tr><td>□ 元件损坏</td><td colspan="2">请写明元件名称：</td></tr>
<tr><td>□ 线路故障</td><td colspan="2">请写明线路区间：</td></tr>
<tr><td>□ 其他</td><td colspan="2"></td></tr>
<tr><td colspan="3">2．故障点的排除处理说明</td></tr>
<tr><td>□ 更换</td><td>□ 维修</td><td>□ 调整</td></tr>
<tr><td rowspan="3">维修结果确认</td><td colspan="3">1．维修后故障代码读取，并填写读取结果</td></tr>
<tr><td colspan="3">2．与原故障码相关的动态数据检查，并填写读取结果</td></tr>
<tr><td colspan="3">3．维修后的功能确认，并填写结果</td></tr>
</table>

（10）半个月后进行电话回访，确认故障排除。

控制器件是汽车电路的重要组成部分，除了传统的各种手动开关、压力开关、温控开关外，现代汽车还大量使用电子控制器件。主驾驶侧车窗控制开关控制着各扇玻璃车窗的升降活动，本案例中，主驾驶侧车窗控制开关 S79D 的 1 号端子接地，3 号端子控制车窗的下降。在开关内部这两个端子是相互连接的，它们之间断路会导致控制信号不能传输到车窗电机 M74D，导致车窗不能接受指令而进行动作。

（三）收款交车

维修结束，填写“维修服务委托书”，待客户付款后交车。

二、评价与反馈

（一）顶岗实习目标达成度的自我检查

<table>
<tr><td rowspan="2">序号</td><td rowspan="2">顶岗实习目标</td><td colspan="3">顶岗实习目标达成情况（在相应的选项后打“✓”）</td></tr>
<tr><td>能</td><td>不能</td><td>不能的原因</td></tr>
<tr><td>1</td><td>故障码的读取</td><td></td><td></td><td></td></tr>
</table>

续表

序号	顶岗实习目标	顶岗实习目标达成情况（在相应的选项后打“✓”）		
		能	不能	不能的原因
2	故障点的检测			
3	故障点的确认			
4	元件的更换或维修			
5	确认故障排除			

（二）日常性表现评价（由岗位组长或组内成员评价）

（1）工作页填写情况。（　　）

A．填写完整　　B．完成不到 20%

C．完成不到 50%　　D．完成 80%以上

（2）工作着装是否规范。（　　）

A．穿着工作服，佩戴工作牌　　B．工作服未穿或工作牌未佩戴

（3）主动参与工作现场 7S 工作情况。（　　）

A．积极主动参与　　B．在组长要求下能参与

C．在组长要求下参与效果不佳　　D．不愿意参与

（4）是否严格按照规范操作。（　　）

A．严格按照规范操作　　B．没有按照规范操作

（5）学习该任务是否全勤。（　　）

A．全勤　　B．缺勤 0～20%（有请假）

C．缺勤 20%以上　　D．缺勤 50%以上（旷工）

（6）总体评价该学徒。（　　）

A．非常优秀　　B．比较优秀

C．有待改进　　D．亟待改进

（三）师傅总体评价

对该学徒所在小组整体印象评价。（　　）

A．表现优秀，组内工作气氛好

B．组长能组织按照要求完成工作项目，1 个学徒不能达到顶岗实习目标

C．组内有 2 个学徒不能达到顶岗实习目标

D．组内有 3 个以上学徒不能达到顶岗实习目标

师傅签名______________　　________年 ________月 ________日

三、职业技能拓展

（1）根据故障检测与排除过程，完成下列表格填写，并完成一篇故障案例撰写。

<table>
<tr><td>故障名称</td><td colspan="4"></td></tr>
<tr><td>车型</td><td colspan="2"></td><td>里程</td><td></td></tr>
<tr><td>故障现象</td><td colspan="4"></td></tr>
<tr><td>使用到的工量具
及配件</td><td colspan="4"></td></tr>
<tr><td>车辆预检情况</td><td colspan="4"></td></tr>
<tr><td>故障分析</td><td></td><td>可能造成故障的原因</td><td colspan="2">1.
2.
3.
4.</td></tr>
<tr><td>故障诊断</td><td colspan="4"></td></tr>
<tr><td>故障排除</td><td colspan="4"></td></tr>
<tr><td>反思小结</td><td colspan="4"></td></tr>
</table>

（2）在组内口述分享故障排除体会，由其他学徒和企业师傅完成评价。

<table>
<tr><td>学习情景：</td><td colspan="8">组员姓名</td></tr>
<tr><td>日期：</td><td colspan="2"></td><td colspan="2"></td><td colspan="2"></td><td colspan="2"></td></tr>
<tr><td>评价项目</td><td>Sp</td><td>Tp</td><td>Sp</td><td>Tp</td><td>Sp</td><td>Tp</td><td>Sp</td><td>Tp</td></tr>
<tr><td>结构和布局</td><td></td><td></td><td></td><td></td><td></td><td></td><td></td><td></td></tr>
<tr><td>专业知识</td><td></td><td></td><td></td><td></td><td></td><td></td><td></td><td></td></tr>
<tr><td>肢体语言姿态</td><td></td><td></td><td></td><td></td><td></td><td></td><td></td><td></td></tr>
<tr><td>语言表达能力</td><td></td><td></td><td></td><td></td><td></td><td></td><td></td><td></td></tr>
<tr><td colspan="9">评价标准</td></tr>
</table>

结构和布局	专业知识	肢体语言姿态	语言表达能力
-明晰 -引入目的性明确 -开头有概述 -过渡明确 -遵守时间规定 -结尾明显 -简要总结	-专业方面正确 -清晰回答问题 -解释专业表达	-自信 -开放性的登场 -与听众有交流 -表情、手势	-清晰明了 -抑扬顿挫 -速度、停顿

注：（1）等级 A～D：A=非常明显；B=相当明显；C=部分出现；D=涉及的能力完全没有出现。

（2）Sp=学徒评价；Tp=师傅评价。

项目六　汽车空调系统的检测与维修

顶岗任务一　汽车空调继电器故障的检测与维修

顶岗实习目标

※顶岗知识目标：1. 了解空调系统的作用、电路图和工作原理；

2. 了解空调系统的安装位置和基本检查。

※顶岗技能目标：1. 掌握空调系统故障的检测方法；

2. 在师傅的指导下，完成空调系统故障的排除；

3. 运用所学知识，分析空调系统的典型故障。

顶岗实习导图

空调系统的作用和种类
空调系统的结构和基本检查方法
空调系统电路图的认知
空调系统故障的检测与维修
空调系统故障的检测
空调系统故障的排除

岗位任务描述

一辆 2015 年产别克威朗车，行驶里程约为 6.3 万 km。据驾驶员反映，车辆在开冷风状态正常行驶中，突然感觉驾驶室内的空调出风口吹出的风不凉了，用手触摸出风口处是自然风。刚开始出现故障的时候把空调 A/C 开关重新开关一次故障就会消失，但同样操作几次后就不起作用了，客户来店检查要求尽快解决此故障。

一、师徒实训操作

（一）接车预检

汽车维修接待的工作人员进行车辆的初步检查，并完成“接车检查单”的填写。

（二）检测诊断

1. 技术标准与要求

（1）学徒身份：维修接待人员，维修工作人员。
（2）参照相关维修手册要求，了解空调制冷系统的组成和检测方法。
（3）拆装空调管路时，要注意人身和设备安全。

2. 设备器材

序号	可能用到的设备
1	
2	
3	
4	
5	

3. 任务实施

维修工作人员根据维修接待人员所提交的“接车检查单”进行相关维护保养或故障修理，填写“车辆保养、维修记录档案”。

车辆保养、维修记录档案						
车辆基本情况						
车辆牌号：			车辆型号：	购车时间：		
投保有效期：			保险公司：	保险金额：		
保养记录						
序号	日期	行驶里程	保养项目	金额	经办人	备注
1						
2						
3						

续表

维修记录								
序号	日期	维修原因	维修项目	是否大修	送修里程	金额	经办人	备注
1								
2								
3								

本任务操作步骤如下。

（1）接车后，根据客户描述的故障现象，维修工作人员对故障进行确认：发动机怠速运转时把空调 A/C 打开，鼓风机开关也接通，触摸空调出风口没有凉风吹出；打开发动机舱盖，触摸空调低压管路，发现空调压缩机没有工作，低压管路不凉，由此确认故障所在。

故障现象确认	确认故障症状并记录症状现象（根据不同故障范围，进行功能检测，并填写检测结果） 发动机故障灯 MIL　□ 正常 □ 不正常 发动机启动及运转状况　□ 正常 □ 不正常 其他（如果有） ____________________

（2）连接故障诊断仪，读取控制模块内故障码，发现有 P0645、P0646 两个故障码存在，如图 6-1-1 所示。

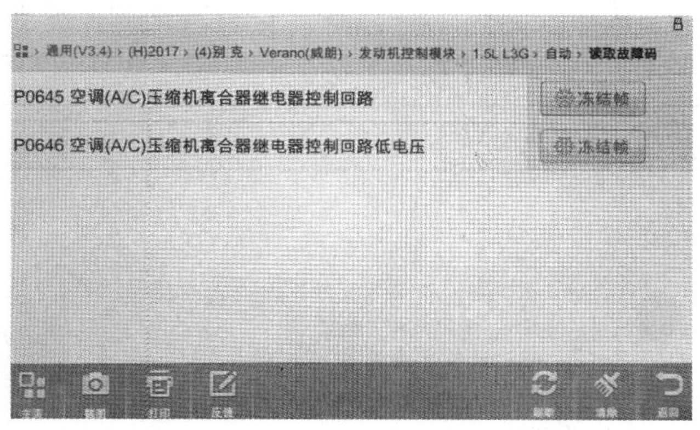

图 6-1-1　控制单元中的故障码

（3）读取与故障相关的数据流，发现空调高压压力为 500kPa 左右时，“空调压缩机禁止原因”这一栏数据显示为“无决定”，说明压缩机未工作，高压管路压力未达到正常工作数值。

<table>
<tr>
<td>正确读取数据和清除故障码</td>
<td>
1．填表并记录冻结帧（只记录故障码设定时的帧）
<table>
<tr><th>项目</th><th>数值</th><th>单位</th><th>判断</th></tr>
<tr><td>发动机转速</td><td></td><td>r/min</td><td></td></tr>
<tr><td>发动机冷却液温度</td><td></td><td>℃</td><td></td></tr>
<tr><td>空气质量流量传感器测得的进气量</td><td></td><td>g/s</td><td></td></tr>
<tr><td>发动机负荷</td><td>%</td><td></td><td></td></tr>
<tr><td>燃油箱内的剩余燃油</td><td>%</td><td></td><td></td></tr>
<tr><td></td><td></td><td></td><td></td></tr>
<tr><td></td><td></td><td></td><td></td></tr>
<tr><td></td><td></td><td></td><td></td></tr>
</table>
与故障相关数据流记录
<table>
<tr><td></td><td></td><td></td><td></td></tr>
<tr><td></td><td></td><td></td><td></td></tr>
<tr><td></td><td></td><td></td><td></td></tr>
<tr><td></td><td></td><td></td><td></td></tr>
<tr><td></td><td></td><td></td><td></td></tr>
<tr><td></td><td></td><td></td><td></td></tr>
<tr><td></td><td></td><td></td><td></td></tr>
</table>
2．清除故障码
3．确认故障码是否再次出现，并填写结果
□ 无 DTC
□ 有 DTC：____________________
</td>
</tr>
</table>

（4）根据故障码及异常数据，查阅制冷系统电路图，如图 6-1-2 所示，可知，该车空调不制冷的可能故障点有：①控制模块；②空调压缩机继电器；③空调压缩机离合器；④熔丝；⑤相关线路。

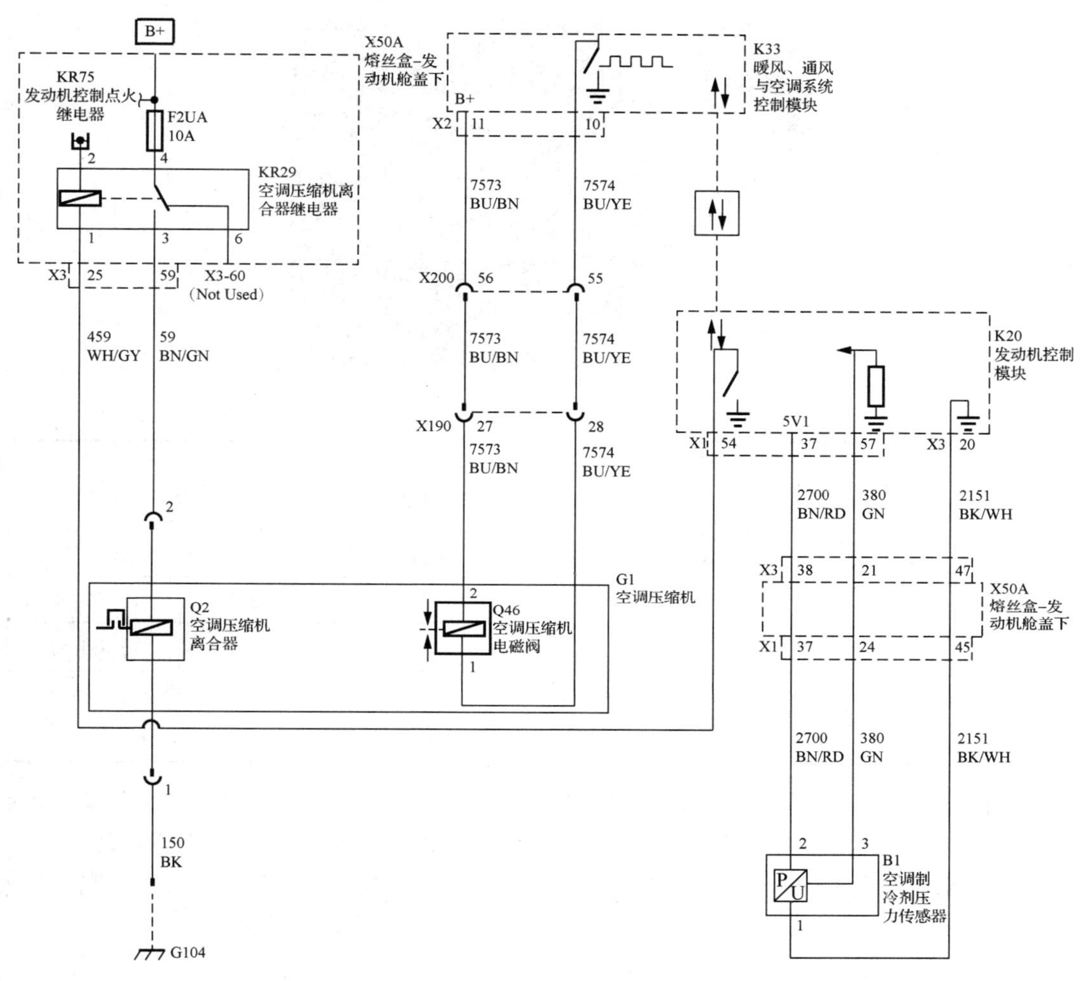

图 6-1-2　制冷系统电路图

确定故障范围	根据上述检查进行判断并填写可能故障范围		
		□ 可能	□ 不可能
		□ 可能	□ 不可能
		□ 可能	□ 不可能
		□ 可能	□ 不可能

（5）断开 KR29 空调压缩机离合器继电器，用一根带 30A 熔丝的跨接线连接 4 号端子和 3 号端子，确认压缩机离合器吸合，说明压缩机离合器电路正常，如图 6-1-3 所示。

图 6-1-3　压缩机离合器吸合

<table>
<tr><td rowspan="5">电路测量</td><td colspan="4">对被怀疑的线路进行测量，注明插件代码和编号、控制单元端子代号以及测量结果：</td></tr>
<tr><td>线路范围</td><td>测量结果</td><td colspan="2">检查或测试后的判断结果</td></tr>
<tr><td></td><td></td><td>□ 正常</td><td>□ 不正常</td></tr>
<tr><td></td><td></td><td>□ 正常</td><td>□ 不正常</td></tr>
<tr><td></td><td></td><td>□ 正常</td><td>□ 不正常</td></tr>
</table>

（6）打开点火开关，用试灯连接 KR75 发动机控制点火继电器 2 号端子和 1 号端子，启动发动机。按下 A/C 开关，试灯点亮，说明继电器线圈供电及电脑控制搭铁均正常。

（7）对 KR29 空调压缩机离合器继电器进行测量。测得线圈端 1 与端 2 之间的电阻值为 566kΩ，如图 6-1-4 所示，而正常应该为 80～150Ω，说明继电器线圈损坏。

图 6-1-4　压缩机离合器继电器线圈电阻

<table>
<tr>
<td>故障部位确认和排除</td>
<td>
根据上述的所有检测结果，确定故障内容并注明：
1. 确定的故障
<table>
<tr><td>☐ 元件损坏</td><td>名称：　　　　原因：</td></tr>
<tr><td>☐ 线路故障</td><td>区间：　　　　原因：</td></tr>
<tr><td>☐ 其他</td><td></td></tr>
</table>
2. 故障点的排除处理说明
<table>
<tr><td>☐ 更换</td><td>☐ 维修</td><td>☐ 调整</td></tr>
</table>
【发动机】
维修后故障症状及代码检查，并填写结果

【空调系统】
维修后故障症状及代码检查，并填写结果

【车身系统】
维修后故障症状及代码检查，并填写结果
</td>
</tr>
</table>

更换KR29继电器之后，启动发动机并打开空调A/C开关，空调制冷正常，至此故障排除。拆检空调压缩机离合器继电器，发现该继电器的损坏主要由电流过大而引起烧断线圈，最终导致空调压缩机离合器无法正常吸合，空调压缩机不能工作，故空调不制冷。

（三）收款交车

维修结束，填写“维修服务委托书”，待客户付款后交车。

二、评价与反馈

（一）顶岗实习目标达成度的自我检查

<table>
<tr><td rowspan="2">序号</td><td rowspan="2">顶岗实习目标</td><td colspan="3">顶岗实习目标达成情况（在相应的选项后打“✓”）</td></tr>
<tr><td>能</td><td>不能</td><td>不能的原因</td></tr>
<tr><td>1</td><td>故障码的读取</td><td></td><td></td><td></td></tr>
<tr><td>2</td><td>故障点的检测</td><td></td><td></td><td></td></tr>
</table>

续表

序号	顶岗实习目标	顶岗实习目标达成情况（在相应的选项后打“✓”）		
		能	不能	不能的原因
3	故障点的确认			
4	元件的更换或维修			
5	确认故障排除			

（二）日常性表现评价（由岗位组长或组内成员评价）

（1）工作页填写情况。（　　）

A．填写完整　　B．完成不到 20%

C．完成不到 50%　　D．完成 80%以上

（2）工作着装是否规范。（　　）

A．穿着工作服，佩戴工作牌　　B．工作服未穿或工作牌未佩戴

（3）主动参与工作现场 7S 工作情况。（　　）

A．积极主动参与　　B．在组长要求下能参与

C．在组长要求下参与效果不佳　　D．不愿意参与

（4）是否严格按照规范操作。（　　）

A．严格按照规范操作　　B．没有按照规范操作

（5）学习该任务是否全勤。（　　）

A．全勤　　B．缺勤 0～20%（有请假）

C．缺勤 20%以上　　D．缺勤 50%以上（旷工）

（6）总体评价该学徒。（　　）

A．非常优秀　　B．比较优秀

C．有待改进　　D．亟待改进

（三）师傅总体评价

对该学徒所在小组整体印象评价。（　　）

A．表现优秀，组内工作气氛好

B．组长能组织按照要求完成工作项目，1 个学徒不能达到顶岗实习目标

C．组内有 2 个学徒不能达到顶岗实习目标

D．组内有 3 个以上学徒不能达到顶岗实习目标

师傅签名____________　　________年　________月　________日

三、职业技能拓展

（1）根据故障检测与排除过程，完成下列表格填写，并完成一篇故障案例撰写。

<table>
<tr><td>故障名称</td><td colspan="4"></td></tr>
<tr><td>车型</td><td></td><td>里程</td><td colspan="2"></td></tr>
<tr><td>故障现象</td><td colspan="4"></td></tr>
<tr><td>使用到的工量具及配件</td><td colspan="4"></td></tr>
<tr><td>车辆预检情况</td><td colspan="4"></td></tr>
<tr><td>故障分析</td><td></td><td>可能造成故障的原因</td><td colspan="2">1.
2.
3.
4.</td></tr>
<tr><td>故障诊断</td><td colspan="4"></td></tr>
<tr><td>故障排除</td><td colspan="4"></td></tr>
<tr><td>反思小结</td><td colspan="4"></td></tr>
</table>

（2）在组内口述分享故障排除体会，由其他学徒和企业师傅完成评价。

<table>
<tr><td>学习情景：</td><td colspan="8">组员姓名</td></tr>
<tr><td>日期：</td><td colspan="2"></td><td colspan="2"></td><td colspan="2"></td><td colspan="2"></td></tr>
<tr><td>评价项目</td><td>Sp</td><td>Tp</td><td>Sp</td><td>Tp</td><td>Sp</td><td>Tp</td><td>Sp</td><td>Tp</td></tr>
<tr><td>结构和布局</td><td></td><td></td><td></td><td></td><td></td><td></td><td></td><td></td></tr>
<tr><td>专业知识</td><td></td><td></td><td></td><td></td><td></td><td></td><td></td><td></td></tr>
<tr><td>肢体语言姿态</td><td></td><td></td><td></td><td></td><td></td><td></td><td></td><td></td></tr>
<tr><td>语言表达能力</td><td></td><td></td><td></td><td></td><td></td><td></td><td></td><td></td></tr>
</table>

评价标准			
结构和布局	专业知识	肢体语言姿态	语言表达能力
-明晰 -引入目的性明确 -开头有概述 -过渡明确 -遵守时间规定 -结尾明显 -简要总结	-专业方面正确 -清晰回答问题 -解释专业表达	-自信 -开放性的登场 -与听众有交流 -表情、手势	-清晰明了 -抑扬顿挫 -速度、停顿

注：（1）等级 A～D：A=非常明显；B=相当明显；C=部分出现；D=涉及的能力完全没有出现。

（2）Sp=学徒评价；Tp=师傅评价。

顶岗任务二　汽车空调不出风故障的检测与维修

顶岗实习目标

※顶岗知识目标：1. 了解空调系统的作用、电路图和工作原理；

2. 了解空调系统的安装位置和基本检测方法。

※顶岗技能目标：1. 掌握空调系统故障的检测方法；

2. 在师傅的指导下，完成空调系统故障的排除；

3. 运用所学知识，分析空调系统的典型故障。

顶岗实习导图

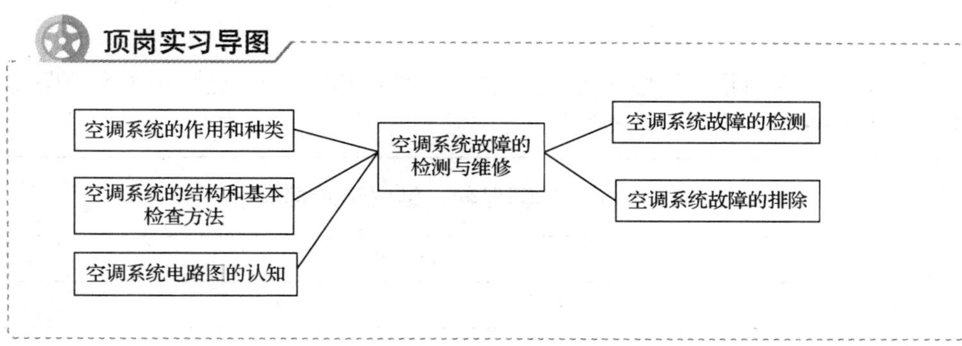

岗位任务描述

一辆 2016 年产别克威朗车，行驶里程约为 4.6 万 km。据驾驶员反映，该车空调系统不出风，因而进厂检修。

一、师徒实训操作

（一）接车预检

汽车维修接待的工作人员进行车辆的初步检查，并完成“接车检查单”的填写。

（二）检测诊断

1. 技术标准与要求

（1）学徒身份：维修接待人员，维修工作人员。
（2）参照相关维修手册，要求了解空调制冷系统的组成和检测方法。
（3）拆装空调管路时，要注意人身和设备安全。

2. 设备器材

序号	可能用到的设备
1	
2	
3	
4	
5	

3．任务实施

维修工作人员根据维修接待人员所提交的“接车检查单”进行相关维护保养或故障修理，填写“车辆保养、维修记录档案”。

<table>
<tr><th colspan="9">车辆保养、维修记录档案</th></tr>
<tr><td colspan="9">车辆基本情况</td></tr>
<tr><td colspan="3">车辆牌号：</td><td colspan="2">车辆型号：</td><td colspan="4">购车时间：</td></tr>
<tr><td colspan="3">投保有效期：</td><td colspan="2">保险公司：</td><td colspan="4">保险金额：</td></tr>
<tr><td colspan="9">保养记录</td></tr>
<tr><td>序号</td><td>日期</td><td>行驶里程</td><td colspan="2">保养项目</td><td colspan="2">金额</td><td>经办人</td><td>备注</td></tr>
<tr><td>1</td><td></td><td></td><td colspan="2"></td><td colspan="2"></td><td></td><td></td></tr>
<tr><td>2</td><td></td><td></td><td colspan="2"></td><td colspan="2"></td><td></td><td></td></tr>
<tr><td>3</td><td></td><td></td><td colspan="2"></td><td colspan="2"></td><td></td><td></td></tr>
<tr><td colspan="9">维修记录</td></tr>
<tr><td>序号</td><td>日期</td><td>维修原因</td><td>维修项目</td><td>是否大修</td><td>送修里程</td><td>金额</td><td>经办人</td><td>备注</td></tr>
<tr><td>1</td><td></td><td></td><td></td><td></td><td></td><td></td><td></td><td></td></tr>
<tr><td>2</td><td></td><td></td><td></td><td></td><td></td><td></td><td></td><td></td></tr>
<tr><td>3</td><td></td><td></td><td></td><td></td><td></td><td></td><td></td><td></td></tr>
</table>

本任务操作步骤如下。

（1）维修工作人员接车后试车验证故障。接通空调 A/C 开关，调节温度按键、风量按键和风门按键，空调出风口均无风吹出（鼓风机不运转），仪表信息中心也无任何故障提示信息。经询问驾驶人得知，该车空调一度使用正常，故障是突然出现的。

故障现象确认	确认故障症状并记录症状现象（根据不同故障范围，进行功能检测，并填写检测结果） 发动机故障灯 MIL　□ 正常 □ 不正常 发动机启动及运转状况　□ 正常 □ 不正常 其他（如果有） ____________________

（2）连接故障诊断仪，读取空调控制模块内故障码，显示系统正常，无当前故障码存在。

（3）读取与故障相关的数据流，操作风量按键、风门按键及温度调节按键，诊断仪上均能正确显示相关信息，说明空调控制模块能发出正确的控制信息，如图 6-2-1 所示。至于其他控制模块是否能接收到信号，则待查。

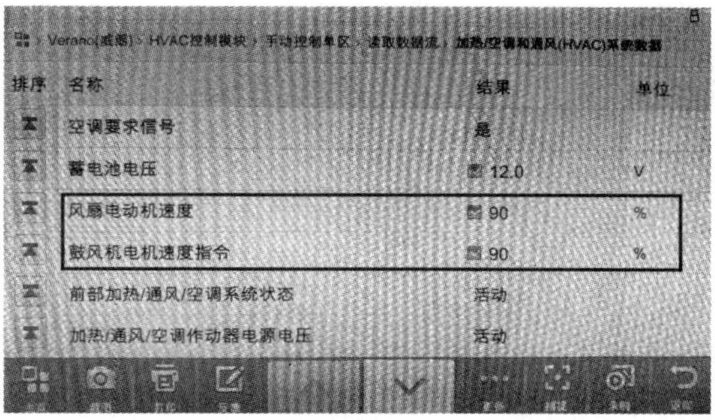

图 6-2-1　控制单元中的故障码

<table>
<tr>
<td>正确读取数据和清除故障码</td>
<td>
1．填表并记录冻结帧（只记录故障码设定时的帧）
<table>
<tr><td>项目</td><td>数值</td><td>单位</td><td>判断</td></tr>
<tr><td>发动机转速</td><td></td><td>r/min</td><td></td></tr>
<tr><td>发动机冷却液温度</td><td></td><td>℃</td><td></td></tr>
<tr><td>空气质量流量传感器测得的进气量</td><td></td><td>g/s</td><td></td></tr>
<tr><td>发动机负荷</td><td>%</td><td></td><td></td></tr>
<tr><td>燃油箱内的剩余燃油</td><td>%</td><td></td><td></td></tr>
<tr><td></td><td></td><td></td><td></td></tr>
<tr><td></td><td></td><td></td><td></td></tr>
<tr><td></td><td></td><td></td><td></td></tr>
</table>
与故障相关数据流记录
<table>
<tr><td></td><td></td><td></td><td></td></tr>
<tr><td></td><td></td><td></td><td></td></tr>
<tr><td></td><td></td><td></td><td></td></tr>
<tr><td></td><td></td><td></td><td></td></tr>
<tr><td></td><td></td><td></td><td></td></tr>
<tr><td></td><td></td><td></td><td></td></tr>
</table>
2．清除故障码
3．确认故障码是否再次出现，并填写结果
□ 无 DTC
□ 有 DTC：________________
</td>
</tr>
</table>

（4）根据上述检查结果分析，查阅鼓风机控制电路图，如图 6-2-2 所示。初步判断该车空调不出风的故障点可能有：①K8 鼓风机电机控制模块故障；②M8 空调鼓风机电机故障；③K33 暖风、通风与空调系统控制模块故障；④熔丝损坏；⑤相关线路损坏。

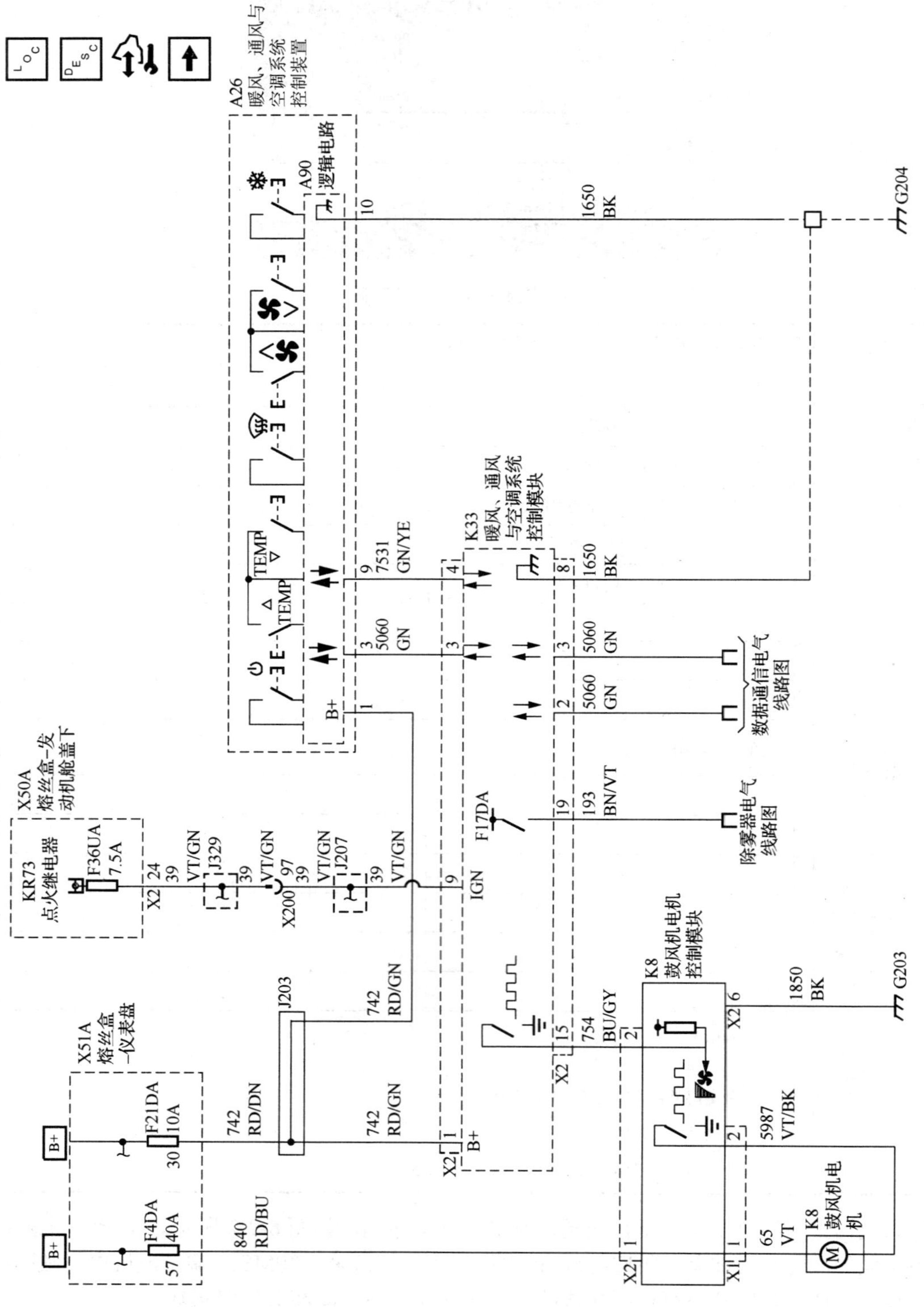

图 6-2-2　鼓风机控制电路图

<table>
<tr><td rowspan="5">确定故障
范围</td><td colspan="3">根据上述检查进行判断并填写可能故障范围</td></tr>
<tr><td></td><td>□ 可能</td><td>□ 不可能</td></tr>
<tr><td></td><td>□ 可能</td><td>□ 不可能</td></tr>
<tr><td></td><td>□ 可能</td><td>□ 不可能</td></tr>
<tr><td></td><td>□ 可能</td><td>□ 不可能</td></tr>
</table>

（5）断开 K8 鼓风机电机控制模块，首先用试灯测量 X2/1 端子，试灯正常点亮，说明鼓风机供电正常。

<table>
<tr><td rowspan="5">电路测量</td><td colspan="4">对被怀疑的线路进行测量，注明插件代码和编号、控制单元端子代号以及测量结果：</td></tr>
<tr><td>线路范围</td><td>测量结果</td><td colspan="2">检查或测试后的判断结果</td></tr>
<tr><td></td><td></td><td>□ 正常</td><td>□ 不正常</td></tr>
<tr><td></td><td></td><td>□ 正常</td><td>□ 不正常</td></tr>
<tr><td></td><td></td><td>□ 正常</td><td>□ 不正常</td></tr>
</table>

（6）对鼓风机模块的搭铁进行测试，测得其电阻值大于 1kΩ，而正常良好的搭铁，电阻值应该小于 10Ω；再测得端对端的电阻值为 1Ω左右，是个正常值，怀疑搭铁与车身接触不良。于是对鼓风机搭铁 G203 进行检查，发现搭铁点有氧化腐蚀情况，如图 6-2-3 所示。将其打磨后重新测量电阻值，约 1Ω，一切正常。

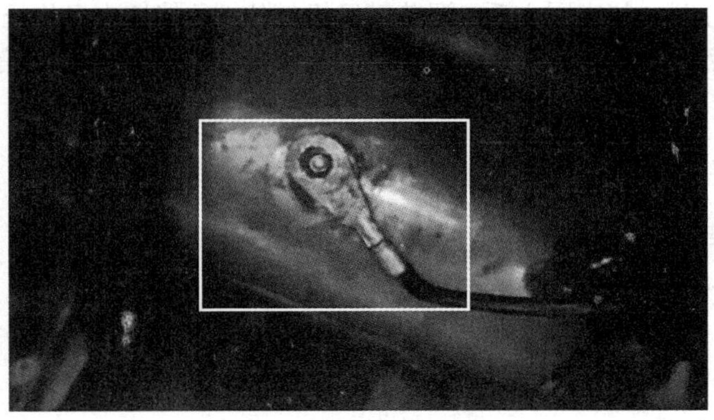

图 6-2-3　接触不良的搭铁点

<table>
<tr><td rowspan="9">故障部位确认和排除</td><td colspan="3">根据上述所有检测结果，确定故障内容并注明：

1．确定的故障</td></tr>
<tr><td>□ 元件损坏</td><td colspan="2">名称：　　　　原因：</td></tr>
<tr><td>□ 线路故障</td><td colspan="2">区间：　　　　原因：</td></tr>
<tr><td>□ 其他</td><td colspan="2"></td></tr>
<tr><td colspan="3">2．故障点的排除处理说明</td></tr>
<tr><td>□ 更换</td><td>□ 维修</td><td>□ 调整</td></tr>
<tr><td colspan="3">【发动机】
维修后故障症状及代码检查，并填写结果</td></tr>
<tr><td colspan="3">【空调系统】
维修后故障症状及代码检查，并填写结果</td></tr>
<tr><td colspan="3">【车身系统】
维修后故障症状及代码检查，并填写结果</td></tr>
</table>

将G203搭铁打磨安装牢固之后，调节鼓风机挡位，各挡位出风均正常，至此故障排除。由于查出该车是“泡水车”，部件氧化腐蚀的情况在车上其他位置也极有可能出现，需要重点排查。

（三）收款交车

维修结束，填写“维修服务委托书”，待客户付款后交车。

二、评价与反馈

（一）顶岗实习目标达成度的自我检查

<table>
<tr><td rowspan="2">序号</td><td rowspan="2">顶岗实习目标</td><td colspan="3">顶岗实习目标达成情况（在相应的选项后打“✓”）</td></tr>
<tr><td>能</td><td>不能</td><td>不能的原因</td></tr>
<tr><td>1</td><td>故障码的读取</td><td></td><td></td><td></td></tr>
<tr><td>2</td><td>故障点的检测</td><td></td><td></td><td></td></tr>
</table>

续表

序号	顶岗实习目标	顶岗实习目标达成情况（在相应的选项后打“✓”）		
		能	不能	不能的原因
3	故障点的确认			
4	元件的更换或维修			
5	确认故障排除			

（二）日常性表现评价（由岗位组长或组内成员评价）

（1）工作页填写情况。（　　）

A．填写完整　　B．完成不到 20%

C．完成不到 50%　　D．完成 80%以上

（2）工作着装是否规范。（　　）

A．穿着工作服，佩戴工作牌　　B．工作服未穿或工作牌未佩戴

（3）主动参与工作现场 7S 工作情况。（　　）

A．积极主动参与　　B．在组长要求下能参与

C．在组长要求下参与效果不佳　　D．不愿意参与

（4）是否严格按照规范操作。（　　）

A．严格按照规范操作　　B．没有按照规范操作

（5）学习该任务是否全勤。（　　）

A．全勤　　B．缺勤 0～20%（有请假）

C．缺勤 20%以上　　D．缺勤 50%以上（旷工）

（6）总体评价该学徒。（　　）

A．非常优秀　　B．比较优秀

C．有待改进　　D．亟待改进

（三）师傅总体评价

对该学徒所在小组整体印象评价。（　　）

A．表现优秀，组内工作气氛好

B．组长能组织按照要求完成工作项目，1 个学徒不能达到顶岗实习目标

C．组内有 2 个学徒不能达到顶岗实习目标

D．组内有 3 个以上学徒不能达到顶岗实习目标

师傅签名______________　　________年 ________月 ________日

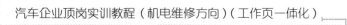

三、职业技能拓展

（1）根据故障检测与排除过程，完成下列表格填写，并完成一篇故障案例撰写。

<table>
<tr><td>故障名称</td><td colspan="3"></td></tr>
<tr><td>车型</td><td></td><td>里程</td><td></td></tr>
<tr><td>故障现象</td><td colspan="3"></td></tr>
<tr><td>使用到的工量具及配件</td><td colspan="3"></td></tr>
<tr><td>车辆预检情况</td><td colspan="3"></td></tr>
<tr><td>故障分析</td><td></td><td>可能造成故障的原因</td><td>1.
2.
3.
4.</td></tr>
<tr><td>故障诊断</td><td colspan="3"></td></tr>
<tr><td>故障排除</td><td colspan="3"></td></tr>
<tr><td>反思小结</td><td colspan="3"></td></tr>
</table>

（2）在组内口述分享故障排除体会，由其他学徒和企业师傅完成评价。

学习情景：	组员姓名							
日期：								
评价项目	Sp	Tp	Sp	Tp	Sp	Tp	Sp	Tp
结构和布局								
专业知识								
肢体语言姿态								
语言表达能力								

评价标准			
结构和布局	专业知识	肢体语言姿态	语言表达能力
-明晰 -引入目的性明确 -开头有概述 -过渡明确 -遵守时间规定 -结尾明显 -简要总结	-专业方面正确 -清晰回答问题 -解释专业表达	-自信 -开放性的登场 -与听众有交流 -表情、手势	-清晰明了 -抑扬顿挫 -速度、停顿

注：（1）等级 A～D：A=非常明显；B=相当明显；C=部分出现；D=涉及的能力完全没有出现。

（2）Sp=学徒评价；Tp=师傅评价。

顶岗任务三　汽车空调不制冷故障的检测与维修

顶岗实习目标

※顶岗知识目标： 1. 了解空调系统的作用、电路图和工作原理；

2. 了解空调系统的安装位置和基本检测方法。

※顶岗技能目标： 1. 掌握空调系统故障的检测方法；

2. 在师傅的指导下，完成空调系统故障的排除；

3. 运用所学知识，分析空调系统的典型故障。

顶岗实习导图

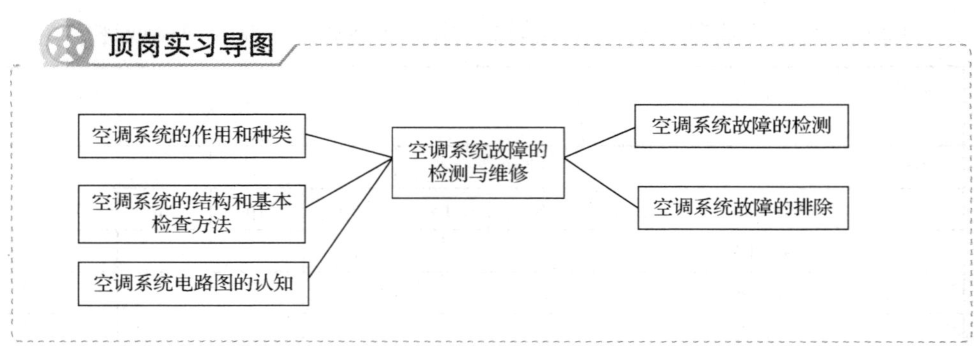

岗位任务描述

一辆 2015 年产别克威朗车，行驶里程约为 7.8 万 km。据驾驶员反映，近几天该车空调制冷效果时好时差，今天再次打开空调，没有感受到任何制冷迹象。客户来店要求尽快解决此故障。

一、师徒实训操作

（一）接车预检

汽车维修接待的工作人员进行车辆的初步检查，并完成“接车检查单”的填写。

（二）检测诊断

1. 技术标准与要求

（1）学徒身份：维修接待人员，维修工作人员。
（2）参照相关维修手册，要求了解空调制冷系统的组成和检测方法。
（3）拆装空调管路时，要注意人身和设备安全。

2. 设备器材

序号	可能用到的设备
1	
2	
3	
4	
5	

3. 任务实施

维修工作人员根据维修接待人员所提交的“接车检查单”进行相关维护保养或故障修理，填写“车辆保养、维修记录档案”。

<table>
<tr><th colspan="10">车辆保养、维修记录档案</th></tr>
<tr><td colspan="10">车辆基本情况</td></tr>
<tr><td colspan="3">车辆牌号：</td><td colspan="2">车辆型号：</td><td colspan="5">购车时间：</td></tr>
<tr><td colspan="3">投保有效期：</td><td colspan="2">保险公司：</td><td colspan="5">保险金额：</td></tr>
<tr><td colspan="10">保养记录</td></tr>
<tr><td>序号</td><td>日期</td><td>行驶里程</td><td colspan="2">保养项目</td><td colspan="2">金额</td><td colspan="2">经办人</td><td>备注</td></tr>
<tr><td>1</td><td></td><td></td><td colspan="2"></td><td colspan="2"></td><td colspan="2"></td><td></td></tr>
<tr><td>2</td><td></td><td></td><td colspan="2"></td><td colspan="2"></td><td colspan="2"></td><td></td></tr>
<tr><td>3</td><td></td><td></td><td colspan="2"></td><td colspan="2"></td><td colspan="2"></td><td></td></tr>
<tr><td colspan="10">维修记录</td></tr>
<tr><td>序号</td><td>日期</td><td>维修原因</td><td>维修项目</td><td>是否大修</td><td>送修里程</td><td>金额</td><td>经办人</td><td colspan="2">备注</td></tr>
<tr><td>1</td><td></td><td></td><td></td><td></td><td></td><td></td><td></td><td colspan="2"></td></tr>
<tr><td>2</td><td></td><td></td><td></td><td></td><td></td><td></td><td></td><td colspan="2"></td></tr>
<tr><td>3</td><td></td><td></td><td></td><td></td><td></td><td></td><td></td><td colspan="2"></td></tr>
</table>

本任务操作步骤如下。

（1）维修工作人员接车后，根据客户描述的故障现象，维修工作人员对故障进行确认：发动机怠速运转时把空调 A/C 打开，鼓风机开关接通，触摸空调出风口没有凉风吹出；打开发动机舱盖，检查压缩机运转情况，压缩机运转正常；触摸空调低压管路，低压管路不凉，确认故障现象存在。

故障现象确认	确认故障症状并记录症状现象（根据不同故障范围进行功能检测，并填写检测结果） 发动机故障灯 MIL　□ 正常 □ 不正常 发动机启动及运转状况　□ 正常 □ 不正常 其他（如果有） ＿＿＿＿＿＿＿＿＿＿＿＿＿＿＿＿

（2）连接故障诊断仪，读取控制模块内故障码，发现有当前故障码 B393B 存在，如图 6-3-1 所示。

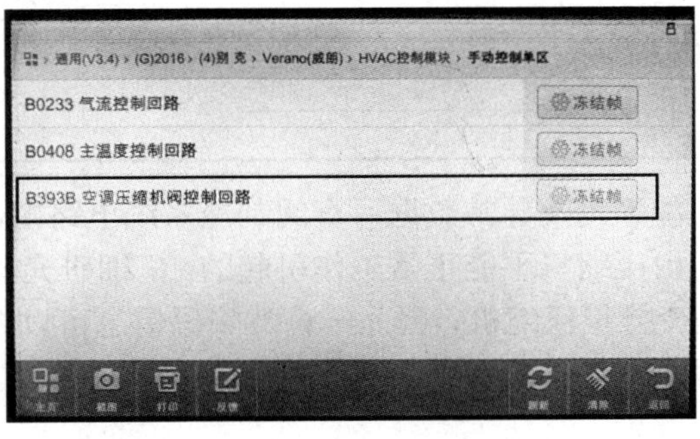

图 6-3-1　存在 B393B 故障码

（3）读取与故障相关的数据流，发现空调压缩机离合器已允许运行，空调压缩机制冷剂电磁阀指令为0%，这说明空调控制模块没有启用压缩机变排量控制。

<table>
<tr>
<td>正确读取数据和
清除故障码</td>
<td>
1．填表并记录冻结帧（只记录故障码设定时的帧）
<table>
<tr><th>项目</th><th>数值</th><th>单位</th><th>判断</th></tr>
<tr><td>发动机转速</td><td></td><td>r/min</td><td></td></tr>
<tr><td>发动机冷却液温度</td><td></td><td>℃</td><td></td></tr>
<tr><td>空气质量流量传感器测得的进气量</td><td></td><td>g/s</td><td></td></tr>
<tr><td>发动机负荷</td><td>%</td><td></td><td></td></tr>
<tr><td>燃油箱内的剩余燃油</td><td>%</td><td></td><td></td></tr>
<tr><td></td><td></td><td></td><td></td></tr>
<tr><td></td><td></td><td></td><td></td></tr>
<tr><td></td><td></td><td></td><td></td></tr>
</table>
与故障相关数据流记录
<table>
<tr><td></td><td></td><td></td><td></td></tr>
<tr><td></td><td></td><td></td><td></td></tr>
<tr><td></td><td></td><td></td><td></td></tr>
<tr><td></td><td></td><td></td><td></td></tr>
<tr><td></td><td></td><td></td><td></td></tr>
<tr><td></td><td></td><td></td><td></td></tr>
</table>
2．清除故障码
3．确认故障码是否再次出现，并填写结果
☐ 无 DTC
☐ 有 DTC：____________________
</td>
</tr>
</table>

（4）根据故障现象、故障码及异常数据，查阅制冷系统电路图，如图6-1-2所示。已知该车空调不制冷的原因是由压缩机不能正常工作引起的。仔细研究该车空调制冷系统的工作原理得知，该车采用的是变排量压缩机，因此结合故障码信息可以缩小诊断范围，故障可能是由Q46空调压缩机电磁阀、K33暖风、通风与空调系统控制模块及相关线路引起的。

确定故障范围	根据上述检查进行判断并填写可能故障范围		
		□ 可能	□ 不可能
		□ 可能	□ 不可能
		□ 可能	□ 不可能
		□ 可能	□ 不可能

（5）根据维修手册的测试说明，先断开 Q46 空调压缩机电磁阀插接器，使用试灯测试 B+电路，试灯点亮，说明供电正常；接着断开空调控制模块 X2 连接器，测试控制搭铁电路端对端电阻值，实测<1Ω，结果正常。

电路测量	对被怀疑的线路进行测量，注明插件代码和编号、控制单元端子代号以及测量结果：			
	线路范围	测量结果	检查或测试后的判断结果	
			□ 正常	□ 不正常
			□ 正常	□ 不正常
			□ 正常	□ 不正常

（6）由于空调模块自身故障不容易检测，决定先检测 Q46 空调压缩机电磁阀。实测得其电阻值为无穷大，如图 6-3-2 所示。根据维修手册的说明，正常电阻值应该为 7～15Ω，因此判断故障为该电磁阀损坏。更换新的压缩机，装车试验，症状及故障码消失，空调正常制冷。

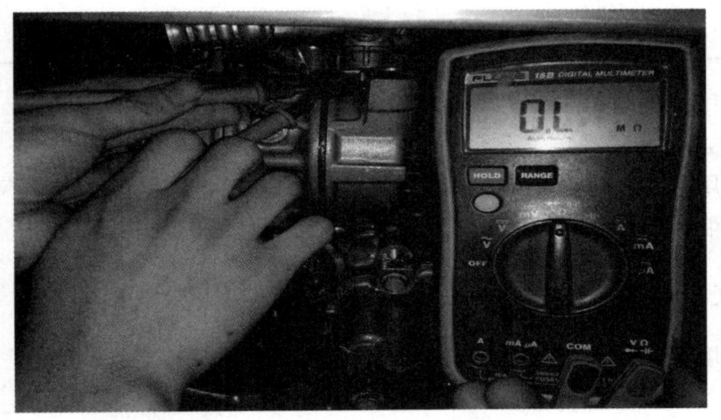

图 6-3-2　空调压缩机电磁阀电阻值为无穷大

<table>
<tr>
<td>故障部位确认和排除</td>
<td>
根据上述的所有检测结果，确定故障内容并注明：
1．确定的故障
<table>
<tr><td>□ 元件损坏</td><td>名称：　　　　原因：</td></tr>
<tr><td>□ 线路故障</td><td>区间：　　　　原因：</td></tr>
<tr><td>□ 其他</td><td></td></tr>
</table>
2．故障点的排除处理说明
<table>
<tr><td>□ 更换</td><td>□ 维修</td><td>□ 调整</td></tr>
</table>
【发动机】
维修后故障症状及代码检查，并填写结果
【空调系统】
维修后故障症状及代码检查，并填写结果
【车身系统】
维修后故障症状及代码检查，并填写结果
</td>
</tr>
</table>

变排量控制电磁阀不可单独更换，只能更换空调压缩机总成。装复后，启动发动机，打开空调 A/C 开关，空调制冷正常，至此故障排除。

由于该车采用的是变排量控制压缩机，因此光是压缩机离合器吸合是不能使制冷剂循环的。在观察现象的时候一定要注意相关的工作原理，以防误诊。

（三）收款交车

维修结束，填写“维修服务委托书”，待客户付款后交车。

二、评价与反馈

（一）顶岗实习目标达成度的自我检查

序号	顶岗实习目标	顶岗实习目标达成情况（在相应的选项后打“✓”）		
		能	不能	不能的原因
1	故障码的读取			
2	故障点的检测			
3	故障点的确认			
4	元件的更换或维修			
5	确认故障排除			

（二）日常性表现评价（由岗位组长或组内成员评价）

（1）工作页填写情况。（　　）

A．填写完整　　B．完成不到 20%

C．完成不到 50%　　D．完成 80%以上

（2）工作着装是否规范。（　　）

A．穿着工作服，佩戴工作牌　　B．工作服未穿或工作牌未佩戴

（3）主动参与工作现场 7S 工作情况。（　　）

A．积极主动参与　　B．在组长要求下能参与

C．在组长要求下参与效果不佳　　D．不愿意参与

（4）是否严格按照规范操作。（　　）

A．严格按照规范操作　　B．没有按照规范操作

（5）学习该任务是否全勤。（　　）

A．全勤　　B．缺勤 0～20%（有请假）

C．缺勤 20%以上　　D．缺勤 50%以上（旷工）

（6）总体评价该学徒。（　　）

A．非常优秀　　B．比较优秀

C．有待改进　　D．亟待改进

（三）师傅总体评价

对该学徒所在小组整体印象评价。（　　）

A．表现优秀，组内工作气氛好

B．组长能组织按照要求完成工作项目，1 个学徒不能达到顶岗实习目标

C．组内有 2 个学徒不能达到顶岗实习目标

D．组内有 3 个以上学徒不能达到顶岗实习目标

师傅签名________________　　________年 ________月 ________日

三、职业技能拓展

（1）根据故障检测与排除过程，完成下列表格填写，并完成一篇故障案例撰写。

<table>
<tr><td>故障名称</td><td colspan="4"></td></tr>
<tr><td>车型</td><td colspan="2"></td><td>里程</td><td></td></tr>
<tr><td>故障现象</td><td colspan="4"></td></tr>
<tr><td>使用到的工量具及配件</td><td colspan="4"></td></tr>
<tr><td>车辆预检情况</td><td colspan="4"></td></tr>
<tr><td>故障分析</td><td></td><td>可能造成故障的原因</td><td colspan="2">1.
2.
3.
4.</td></tr>
<tr><td>故障诊断</td><td colspan="4"></td></tr>
<tr><td>故障排除</td><td colspan="4"></td></tr>
<tr><td>反思小结</td><td colspan="4"></td></tr>
</table>

（2）在组内口述分享故障排除体会，由其他学徒和企业师傅完成评价。

学习情景：	组员姓名							
日期：								
评价项目	Sp	Tp	Sp	Tp	Sp	Tp	Sp	Tp
结构和布局								
专业知识								
肢体语言姿态								
语言表达能力								

评价标准			
结构和布局	专业知识	肢体语言姿态	语言表达能力
-明晰 -引入目的性明确 -开头有概述 -过渡明确 -遵守时间规定 -结尾明显 -简要总结	-专业方面正确 -清晰回答问题 -解释专业表达	-自信 -开放性的登场 -与听众有交流 -表情、手势	-清晰明了 -抑扬顿挫 -速度、停顿

注：（1）等级 A～D：A=非常明显；B=相当明显；C=部分出现；D=涉及的能力完全没有出现。

（2）Sp=学徒评价；Tp=师傅评价。

附录一　接车检查单

<table>
<tr><td colspan="6">××汽车公司接车检查单
预约□</td></tr>
<tr><td>客户姓名/单位</td><td></td><td>车牌号</td><td></td><td>行驶里程</td><td>公里</td></tr>
<tr><td>需求描述</td><td colspan="3"></td><td colspan="2">燃油存量检查
0　1/2　1/1</td></tr>
<tr><td colspan="6">进一步检查　□　　预检　□</td></tr>
<tr><td>检查结果</td><td colspan="5"></td></tr>
<tr><td>维修方案</td><td colspan="5"></td></tr>
<tr><td colspan="2">▼凹陷 ▼划痕 ◆石击 ●油漆</td><td colspan="2">▽污渍 △破损 ◇色斑 ○变形</td><td colspan="2">随车物品</td></tr>
<tr><td colspan="2" rowspan="7"></td><td colspan="2" rowspan="7"></td><td colspan="2">□　随车工具</td></tr>
<tr><td colspan="2">□　香烟</td></tr>
<tr><td colspan="2">□　酒</td></tr>
<tr><td colspan="2">□　独立导航</td></tr>
<tr><td colspan="2">□　太阳镜</td></tr>
<tr><td colspan="2">□　运动器材</td></tr>
<tr><td colspan="2">其他：</td></tr>
<tr><td>备胎检查</td><td colspan="2">是□　否□</td><td>是否洗车</td><td colspan="2">□免费洗车　□收费洗车</td></tr>
<tr><td>是否需要送车</td><td colspan="2">是□　否□　送车地址：</td><td>旧件展示</td><td colspan="2">□随车展示　□其他位置</td></tr>
</table>

续表

<table>
<tr><td colspan="6">委托内容</td></tr>
<tr><td rowspan="2">套餐类型</td><td>首保 5000</td><td colspan="4">☐ 套餐 A: 5000 公里 ☐ 套餐 B:每 10000 公里 ☐ 套餐 C1: 每 20000 公里
☐ 套餐 C2: 每 30000 公里 ☐ 套餐 D: 每 60000 公里</td></tr>
<tr><td>首保 7500</td><td colspan="4">☐ 套餐 A:7500 公里 ☐ 套餐 B: 每 15000 公里 ☐ 套餐 C: 每 30000 公里
☐ 套餐 D: 每 60000 公里</td></tr>
<tr><td>更换项目</td><td colspan="5">☐ 机油: ☐ 机油滤清器 ☐ 放油螺栓 ☐ 空气滤清 ☐ 花粉滤清
☐ 燃油滤清器 ☐ 火花塞 ☐ 自动变速器 ATF 油 ☐ 变速箱齿轮油及齿轮油滤清器 ☐ 制动液</td></tr>
<tr><td>易损件</td><td colspan="5">☐雨刮器 ☐制动片 ____________ ☐轮胎____________ 其他:</td></tr>
<tr><td rowspan="2">深度养护</td><td colspan="2">☐ 发动机润滑</td><td colspan="2">☐ 燃油系统养护</td><td>☐ 进气系统养护</td></tr>
<tr><td colspan="2">☐ 空调系统养护</td><td colspan="2">☐</td><td>☐</td></tr>
<tr><td>预计金额</td><td>材料费</td><td>元</td><td>工时费</td><td colspan="2">元</td></tr>
<tr><td colspan="2">总金额</td><td>元</td><td>预交车时间</td><td colspan="2"></td></tr>
<tr><td colspan="6">日期: 服务顾问签字: 客户签字:</td></tr>
<tr><td>交车检查结果</td><td colspan="5">☐车辆外观 ☐车内无零件/工具遗漏 ☐内饰(音响、空调、收音机、功能开关)
☐发动机舱(清洁、液位) ☐ 后备厢 ☐维修表单 ☐旧件</td></tr>
</table>

附录二　维修服务委托书

维修服务委托书

托修方信息

用户地址：______

送修人：______　送修人电话：______　送修人手机：______　车牌号码：______

VIN：______　发动机号：______　车型描述：______

购车日期：______　行驶里程：______　使用性质：______

承修方消息

经销商名称：______　传真：______　电话：______

地址/邮编：______

委托书信息

委托书号码：______　开单时间：______　维修类型：______

服务顾问：______　上次维修时间：______　预计交车时间：______

用户故障描述		故障检查报告	
备注：			

维修项目

打印日期：______　客户洗车　旧件：______

序号	维修类型	维修代码	维修项目名称	工时定额	工时单价	预计工时费
1						
序号	费用类型	费用描述				预计费用
1						
2						
预计维修工时费用：		预计维修零件费用：		其他费用：	预计维修费用总额：	

调度	工组		
质检	洗车	路试	终检
		正常	

友情提示

1. 托修方同意承修方根据本维修服务委托书之维修项目进行诊断或维修，同意在交车前支付相关工时、零件、税务等费用。相关费用按照实际发生额进行结算，谢绝欠款。随车贵重物品用户自行保管，如有遗失，承修方不承担任何责任。
2. 维修项目、预计交车时间、相关费用以当前诊断而定，如需变更，承修方将另行通知（口头、电话通知等）。
3. 在本次维修中，如委托方认可承修方使用非××××原装零件，则使用非××××原装零件产生的质量问题（包括非原装零件本身的质量问题和/或非原装零件造成的相关零件质量问题），××××汽车有限公司对此不承担质量担保责任。（签字表示：同意______）

打印日期：______　服务顾问：______　托修方：______　签字日期：______

参 考 文 献

黄仕利，柏令勇，2019. 汽车维修基础[M]. 北京：人民交通出版社.
嵇伟，那日松，2018. 轿车电喷发动机故障诊断与分析[M]. 北京：机械工业出版社.
张小兴，2019. 汽车电气与电控系统检修[M]. 北京：人民交通出版社.
王建南，2016. 荣威 550 车故障 2 例[J]. 汽车维护与修理(8)：49-51.
别克威朗维修手册. 2015. 上海通用北盛汽车有限公司.